Leben.Lieben.Arbeiten **SYSTEMISCH BERATEN**

Herausgegeben von
Jochen Schweitzer und
Arist von Schlippe

Ute Clement

Wandel in Organisationen

Über Roadmaps, Heldenreisen und Saftpressen

Mit 9 Abbildungen

Vandenhoeck & Ruprecht

Bibliografische Information der Deutschen Nationalbibliothek:
Die Deutsche Nationalbibliothek verzeichnet diese Publikation in der
Deutschen Nationalbibliografie; detaillierte bibliografische Daten sind
im Internet über http://dnb.de abrufbar.

© 2018, Vandenhoeck & Ruprecht GmbH & Co. KG,
Theaterstraße 13, D-37073 Göttingen
Alle Rechte vorbehalten. Das Werk und seine Teile sind urheberrechtlich
geschützt. Jede Verwertung in anderen als den gesetzlich zugelassenen Fällen
bedarf der vorherigen schriftlichen Einwilligung des Verlages.

Umschlagabbildung: pepipepper/photocase.de

Satz: SchwabScantechnik, Göttingen
Druck und Bindung: ⊕ Hubert & Co. BuchPartner, Göttingen
Printed in the EU

Vandenhoeck & Ruprecht Verlage | www.vandenhoeck-ruprecht-verlage.com

ISSN 2625-6088
ISBN 978-3-525-40657-1

Inhalt

Zu dieser Buchreihe 7
Vorwort von Jochen Schweitzer 9

Der Kontext

1 Systemisch Veränderungen begleiten 14
   1.1 Perspektiven und Kontext unserer Aufträge 14
● 1.2 Erste Fallgeschichte 15
   1.3 Arten von Change 25
   1.4 Internationalität 32
   1.5 Organisationen 37
   1.6 Emotionen und Widerstand 45
   1.7 Roadmaps 54
   1.8 Agilität und Impact 57

Die systemische Beratung

2 Mit Geschichten Change gestalten 64
● 2.1 Zweite Fallgeschichte 64
   2.2 Geschichten über Veränderung (»Change stories«) 69
   2.3 Heldenreise 81
   2.4 Inszenierungen und Orte 88
   2.5 Statt eines Ausblicks: Sieben alternative Regeln für Change 91

Am Ende

3 Literatur 100
4 Danksagung 103
5 Die Autorin 104

Zu dieser Buchreihe

Die Reihe »Leben. Lieben. Arbeiten: systemisch beraten« befasst sich mit Herausforderungen menschlicher Existenz und deren Bewältigung. In ihr geht es um Themen, an denen Menschen wachsen oder zerbrechen, zueinanderfinden oder sich entzweien und bei denen Menschen sich gegenseitig unterstützen oder einander das Leben schwermachen können. Manche dieser Herausforderungen (Leben.) haben mit unserer biologischen Existenz, unserem gelebten Leben zu tun, mit Geburt und Tod, Krankheit und Gesundheit, Schicksal und Lebensführung. Andere (Lieben.) betreffen unsere intimen Beziehungen, deren Anfang und deren Ende, Liebe und Hass, Fürsorge und Vernachlässigung, Bindung und Freiheit. Wiederum andere Herausforderungen (Arbeiten.) behandeln planvolle Tätigkeiten, zumeist in Organisationen, wo es um Erwerbsarbeit und ehrenamtliche Arbeit geht, um Struktur und Chaos, um Aufstieg und Abstieg, um Freud und Leid menschlicher Zusammenarbeit in ihren vielen Facetten.

Die Bände dieser Reihe beleuchten anschaulich und kompakt derartige ausgewählte Kontexte, in denen systemische Praxis hilfreich ist. Sie richten sich an Personen, die in ihrer Beratungstätigkeit mit jeweils spezifischen Herausforderungen konfrontiert sind, können aber auch für Betroffene hilfreich sein. Sie bieten Mittel zum Verständnis von Kontexten und geben Werkzeuge zu deren Bearbeitung an die Hand. Sie sind knapp, klar und gut verständlich geschrieben, allgemeine Überlegungen werden mit konkreten Fallbeispielen veranschaulicht und mögliche Wege »vom Problem zu Lösungen« werden skizziert. Auf unter 100 Buchseiten, mit etwas Glück an einem langen Abend oder einem kurzen Wochenende zu lesen, bieten sie zu dem jeweiligen lebensweltlichen Thema einen schnellen Überblick.

Die Buchreihe schließt an unsere Lehrbücher der systemischen Therapie und Beratung an. Unsere Bücher zum systemischen Grundlagenwissen (1996/2012) und zum störungsspezifischen Wissen (2006) fanden und finden weiterhin einen großen Leserkreis. Die aktuelle Reihe erkundet nun das kontextspezifische Wissen der systemischen Beratung. Es passt zu der unendlichen Vielfalt möglicher Kontexte, in denen sich »Leben. Lieben. Arbeiten« vollzieht, dass hier praxisbezogene kritische Analysen gesellschaftlicher Rahmenbedingungen ebenso willkommen sind wie Anregungen für individuelle und für kollektive Lösungswege. Um klinisch relevante Störungen, um systemische Theoriekonzepte und um spezifische beraterische Techniken geht es in diesen Bänden (nur) insoweit, als sie zum Verständnis und zur Bearbeitung der jeweiligen Herausforderungen bedeutsam sind.

Wir laden Sie als Leserin und Leser ein, uns bei diesen Exkursionen zu begleiten.

Jochen Schweitzer und Arist von Schlippe

Vorwort

»Stillstand war gestern« – mit dieser flotten, apodiktischen Formulierung leitet Ute Clement dieses Buch über den Wandel in Organisationen ein. Über diesen Satz als einleitendes Axiom eines Buches über Wandel in Organisationen könnte man sehr grundlegend nachdenken. Stimmt das? Herrschte gestern immer Stillstand? Geschieht heute so viel Wandel? Welcher Wandel ist wirklicher Wandel? Welcher ist nur Pseudo-Wandel, welcher nur sinnlose Hektik? Wem nützt welcher Wandel, und wem schadet er? Ist ein hohes Tempo des Wandels heutzutage quasi naturgesetzlich unvermeidbar, oder ist dieses Tempo von Menschen gemacht und reversibel?

Aber Ute Clement ist keine Philosophin der Zeit, sondern renommierter Change Consultant für international aufgestellte Unternehmen. Sie akzeptiert dieses Axiom und berät Firmen, wie sie sich an allmählichen oder plötzlichen Wandel ihrer Umwelt erfolgreich durch eigene »Change«-Prozesse anpassen können. Und dies tut sie mit großer Sorgfalt: mit viel theoriegestützter organisationaler Weisheit, mit flexiblen »Beratungsarchitekturen« und »Roadmaps«, mit Achtsamkeit für die oft intensiven Emotionen beim Wandel, mit sinnstiftenden und ermutigenden »Change Stories«, mit Anleihen aus der Mythologie in Form von »Heldenreisen«, mit dramatischen Inszenierungen an besonderen Orten – und dies alles mit viel »Passion for Change«. Das Buch bietet seinen Leserinnen und Lesern, ausgehend von zwei Fallgeschichten, einen anschaulichen Blick in die Beratungswerkstatt, in die Entwicklung einer passgenauen Beratungsarchitektur und die Planung und Umsetzung von Interventionen mit viel »Impact«.

Innerhalb dieses Rahmens vertritt die Autorin engagierte Positionen gegen eine hemdsärmelig naive, instruktiv gedachte, allzu eilige Umkrempelungspraxis. »Beziehungsgestaltung vor inhaltlicher Auseinandersetzung« (S. 24) – so sollen Unternehmensteile aus verschiedenen Ländern erst mal miteinander »warm werden«, bevor sie sich ins Veränderungsgetümmel stürzen. Sie nimmt Abstand vom Begriff »Change Management«, weil sie das Ergebnis von organisationalen Veränderungen für oft nicht planbar und somit auch nicht für »manageable« hält. Sie beschreibt, dass Wandel sich nicht unmittelbar und kurzfristig durch Einsicht, sondern erst durch dauerhafte neue Routinen einstellt, also Zeit braucht und harte Arbeit darstellt. An vielen Stellen wird in den Referenzen der Autorin auf bekannte systemische und andere Organisationstheoretiker deutlich, wie gut ihr »Handwerk« in deren Theoriekonzepten mit-basiert ist.

Das Buch bietet also Führungskräften und Beraterinnen und Beratern viele Hilfsmittel, große und mittlere Veränderungsprozesse sorgfältig selbst zu planen und (mit-) zu gestalten. Aber es bietet auch Betroffenen größerer organisationaler Veränderungsprozesse die Chance, das bei ihnen ablaufende Geschehen mit dem hier beschriebenen exzellenten Praxisstandard zu vergleichen.

Das Buch beschäftigt sich nicht mit den politischen und sozialen Pros und Contras und den Folgen solcher Veränderungsprozesse. Die Autorin ist kompetente Gestalterin, nicht kritisch-distanzierte Begleiterin solcher Prozesse. Wie die von großen Organisationsveränderungsprozessen betroffenen Menschen, Belegschaften, Familien, Kommunen und Regionen deren Folgen verarbeiten, könnte ein reizvolles Thema eines anderen, künftigen Buches dieser Reihe sein.

Jochen Schweitzer

I

Der Kontext

1 Systemisch Veränderungen begleiten

1.1 Perspektiven und Kontext unserer Aufträge

Stillstand war gestern. Zumindest ist dies das beobachtungsgesättigte Credo vieler Manager und Unternehmensberaterinnen. Auch meines.

Digitalisierung, globale Vernetzung, die Liberalisierung des Welthandels – im Lichte der Globalisierung wirkt Heraklits Erkenntnis aktueller denn je: »Nichts ist so beständig wie der Wandel.«

Das gilt auch für Unternehmen. Veränderte Marktbedingungen, neue oder sich wandelnde Konkurrenz, technologische Entwicklungen und politische Entscheidungen bilden den Kontext, in dem Unternehmen sich befinden. An diese Umwelt müssen sie sich anpassen, wenn sie überleben wollen. Aus systemtheoretischer Sicht erzeugen und erhalten sich Organismen – biologische sowie organisationale Systeme – selbst. Das Bestreben, zu überleben, ist ihnen inhärent. Dies tun sie, indem sie ihr Verhalten und ihre Strukturen an die sie umgebende Umwelt anpassen und damit anschlussfähig bleiben. In diesem Sinne besitzen sie die Fähigkeit, Informationen aus der Umwelt zu beziehen, und verfügen über eine Art reflexives Gedächtnis, mit dem das Vorher vom Nachher unterschieden werden kann. Organisationen »können ihre Strukturen nicht als Fertigprodukte aus ihrer Umwelt beziehen. Sie müssen sie durch ihre eigenen Operationen aufbauen und das erinnern – oder vergessen« (Luhmann, 2008, S. 13).

So müssen sich Unternehmen heutzutage einer stetigen und ständigen Veränderung unterziehen, um langfristig erfolgreich zu sein. Von allen Veränderungen in Unternehmen sind immer auch Menschen betroffen, die innerhalb dieser Unternehmen arbeiten.

Für Mitarbeitende sind Wandel und Veränderungen – neben ihrem hoffnungsvollen Charakter – immer auch mit Unsicherheiten über die Zukunft und damit assoziierten Ängsten vor Risiken und

Gefahren verbunden. Dem versuchen wir als Beraterinnen und Berater gerecht zu werden, indem wir Veränderungsprozesse in Organisationen professionell begleiten. Dazu gehört, die betroffenen Personen in den Organisationen frühzeitig und umfassend über anstehende Veränderungen zu informieren und vorzubereiten, Veränderungsmaßnahmen zu gestalten, Kommunikation zu erleichtern und den Zusammenhalt im Team zu stärken. *Ute Clement Consulting GmbH* ist eine Organisationsberatung, die Change-Prozesse und strukturelle Veränderungen in internationalen Großunternehmen begleitet.

Wir arbeiten bei *Ute Clement Consulting* mit unterschiedlichen freiberuflichen und fest angestellten Beraterinnen und Beratern zusammen, die verschiedene Qualifikationen und Kompetenzschwerpunkte mitbringen. Je nach inhaltlicher Ausrichtung und Umfang der Aufträge arbeiten wir in unterschiedlichen Konstellationen und Beratungsteams zusammen.

Im Folgenden möchte ich anhand einer Fallgeschichte aus meiner Beratungspraxis schildern, in welch herausfordernder Situation sich ein Kunde befand und wie wir von *Ute Clement Consulting* ihn auf seinem Weg begleitet haben.

1.2 Erste Fallgeschichte

1.2.1 Ausgangssituation und Gründe für Veränderung

Der Kunde, dessen Change-Vorhaben wir begleiteten, ist ein globales Chemieunternehmen, welches weltweit Basisstoffe von Hygieneprodukten an andere Industrieunternehmen liefert. Das Unternehmen blickte auf eine lange Erfolgsgeschichte zurück, erzielte einen Umsatz von circa einer Milliarde Euro und hatte Produktionsstätten in den USA, Thailand, Belgien, China, Brasilien und Deutschland. Auch wenn diese Erfolgsgeschichte weiter andauerte, war doch abzusehen, dass die Konkurrenzunternehmen aufholten und der Wettbewerb zusehends dynamischer werden würde. Insbesondere in den Wachstumsmarkt Asien drängten sich neue Mitbewerber, die auch bezüglich der Qualität der Produkte mehr und mehr in den Rang echter Konkurrenten aufstiegen. Darüber hinaus stand die Einführung neuer Technologien an, die zu einem Mehr an ökologischer Nachhaltigkeit beitragen sollten.

In dieser Situation gab es die Einsicht der Leiterin eines Unternehmensbereichs, dass die Herausforderungen einen paradigmatischen Wandel darstellen. Man konnte sich nicht mit einem einfachen »Mehr von …!« zufriedengeben, sondern musste einen »Mindset-Change«[1] einleiten, also eine Veränderung der grundlegenden Prämissen des Denkens, der die Organisation grundsätzlich befähigen würde, sich dem weiterhin fortschreitenden Wandel stets aufs Neue anzupassen und damit die Wettbewerbsfähigkeit (insbesondere auf dem hart umkämpften asiatischen Markt) auch in Zukunft zu sichern. Unsere Auftraggeberin machte uns bereits in der Auftragsklärung deutlich, dass es ihr Ziel sei, Themen der Wandlungsfähigkeit auf einer grundsätzlichen Ebene anzugehen. Fragen, die wir in der Auftragsklärung identifizierten, umfassten: »Wie können wir uns schneller auf Veränderung einstellen und von Altem ablassen?«, »Wie ist es möglich, Silodenken zwischen Bereichen und Abteilungen zu beenden oder zumindest zu minimieren?«, »Wie kann erreicht werden, dass die Mitarbeitenden in den einzelnen Bereichen des Unternehmens von sich aus trotz Einbettung in einen Großkonzern unternehmerischer handeln?« Und von besonderer Wichtigkeit im Kontext eines global operierenden Konzerns: »Wie erreichen wir,

---

1 In unserer Beratertätigkeit im Bereich Change unterscheiden wir Aufträge, in denen Organisationsstruktur und Arbeitsprozesse verändert werden sollen, von solchen, in denen eine Veränderung der Haltung der Mitarbeitenden herbeigeführt werden soll. Ein solcher »Mindset-Change« soll anschließend eine Verhaltensveränderung nach sich ziehen.

dass die internationale Kollaboration produktiver und reibungsloser verläuft?«

Im Vordergrund stand bei diesem Auftrag damit die Frage, wie es gelingen kann, das Unternehmen auf kontinuierlichen Wandel einzustellen. Das heißt, es ging nicht darum, ein konkretes Projekt oder eine akute Krise zu bewältigen. Vielmehr sollten die Voraussetzungen für den Umgang mit Wandel für die Zukunft verbessert werden, was wir auch als Change zweiter Ordnung bezeichnen. Wichtig war dabei, dass der Wille zum umfassenden Wandel aus der Führung der Organisation selbst kam und nicht etwa im Rahmen eines anderen Projekts von Beraterseite angestoßen und vermittelt wurde. So war die Erfolgsbedingung erfüllt, dass dem Change-Vorhaben eine genügend hohe Priorität eingeräumt und es dann auch mit der notwendigen Kraft angegangen wurde. Dazu gehörte auch, dass dem Projekt die notwendigen Ressourcen bereitgestellt wurden, wie der Blick auf die übergreifende Change-Architektur[2] erkennen lässt.

1.2.2 Architektur von Veränderungsprozessen

Als Beraterinnen sahen wir uns vor die Herausforderung gestellt, eine Architektur für den Veränderungsprozess zu entwerfen, die mit Blick auf die Reichweite des Veränderungsvorhabens weit genug war, um genügend Themen in die Diskussion zu bringen. Gleichzeitig musste sie aber auch fokussiert und spezifisch genug sein, um eine nachhaltige Bearbeitung der identifizierten Themen zu ermöglichen. In einem Workshop mit dem Führungsteam identifizierten wir sechs Themenfelder, um die sich der Mindset-Change drehen sollte. Beispiele für solch drängende Themen waren »Vertrauen im Team

---

2 Unter *Change-Architektur* oder Architektur von Veränderungsprozessen verstehen wir den Gesamtplan aller Maßnahmen und deren Interaktion.

erweitern«, »Unternehmerisches Denken und Handeln fördern« sowie »Einander Wertschätzung und Respekt entgegenbringen«.

In einer ersten Projektphase ging es darum, diese Themenfelder in umsetzbare Maßnahmen und Interaktionen auf Verhaltensebene zu überführen. Dies war von umso größerer Bedeutung, als wir es mit einer globalen Unternehmenseinheit zu tun hatten. Deren Internationalität bedeutete, dass wir noch konsequenter die neuen, gewünschten Verhaltensweisen ausbuchstabieren mussten, als das etwa in kulturell weniger gemischten Workshops der Fall gewesen wäre. »Vertrauen«, »Unternehmerisches Denken und Handeln«, »Wertschätzung und Respekt« – welche Bedeutungen haben diese Begriffe innerhalb der unterschiedlichen kulturellen Prägungen im eigenen Unternehmen? Denn die konkreten damit verbundenen Verhaltensweisen sind für *unterschiedliche* Kulturen *unterschiedlich*. Aus diesem Grund müssen gerade bei einem globalen Change-Vorhaben wie dem unsrigen die Operationalisierungen der Begriffe in den Teams vor Ort stattfinden. Je internationaler Change-Vorhaben sind, desto stärker sollte man abstrakte Begriffe vermeiden. Hier ist es besonders wichtig, konkret zu werden.

Entscheidend für die nachhaltige Wirkung der Change-Maßnahmen ist, dass Veränderungen auf allen drei Ebenen stattfinden: in der Organisation, in den Teams und bei den Individuen. Die Verzahnung dieser drei Ebenen kann als das Herzstück der Architektur angesehen werden. Was in letzter Konsequenz die Wirksamkeit unserer Herangehensweise ausgemacht hat, ist gerade die Einbettung der individuellen sowie der Teamebene in den organisationalen Kontext[3]. Die Notwendigkeiten der Organisation in Bezug auf die Vorbereitung auf den kontinuierlichen Wandel wurden auf Teamebene herausge-

---

3 Ansätze, die davon ausgehen, dass eine Veränderung der Individuen automatisch zu einer Systemveränderung führt, greifen aus systemischer Sicht zu kurz. Die Veränderung muss auch auf organisationaler Ebene stattfinden.

arbeitet. Die Ergebnisse von Teamworkshops (Modul I) dienten als Grundlage für das Peer Consulting (Ebene der Individuen), welches zur Begleitung des gesamten Veränderungsprozesses aufgesetzt wurde. Nur wenn Veränderung auf allen drei Ebenen (und in der Verbindung der drei Ebenen) gewährleistet ist, kann sich wirklich nachhaltig etwas verändern.

Beim Peer Consulting handelt es sich um ein spezifisches Format gemeinsamen Lernens, in dem mehrere Fallgeber nacheinander von einem oder mehreren Kollegen zu einem Anliegen beraten werden. Auf der organisationalen Ebene bewirken Peer Consultings, dass sich Führungskräfte auf gleicher Ebene in die Karten schauen, gemeinsam lernen und auch ihre Vorgehensweisen transparent machen. Indem wir Peer Consulting systematisch und umfassend auf selbstorganisierter Basis in den Prozess integrierten, konnten Probleme, die im Verlauf des Change-Vorhabens aufkamen, schnell zumindest einer ersten Lösungsidee zugeführt werden (siehe Abbildung 1).

Parallel dazu liefen die (in Workshop-Phase I vorbereiteten) Teaminitiativen, in denen konkrete Schritte umgesetzt wurden, um je eines der im Fokus stehenden Themenfelder (z. B. Vertrauen oder Entrepreneurship) durch neue Routinen mit Leben zu füllen. Dies umfasste ausdrücklich auch die Managementebene, welche sich – genauso wie die circa vierzig Teams auf den ersten drei Ebenen bis Gruppenleiterebene – im Team mit konkreten Maßnahmen zur Umsetzung der im Fokus stehenden Themenfelder beschäftigen musste. Damit war sichergestellt, dass die Inhalte der Themenfelder auch zur jeweiligen Kultur passten. Ein Kernelement stellte in diesem Kontext eine Leadership-Konferenz mit allen Führungskräften dar, in der allen Teilnehmenden noch einmal die Idee der Veränderung erlebbar vermittelt werden konnte. Es gelang hierdurch ein Momentum, einen emotionalen Fokuspunkt zu erzeugen, an den sich die Teilnehmenden nachhaltig zurückerinnern konnten.

Kontext

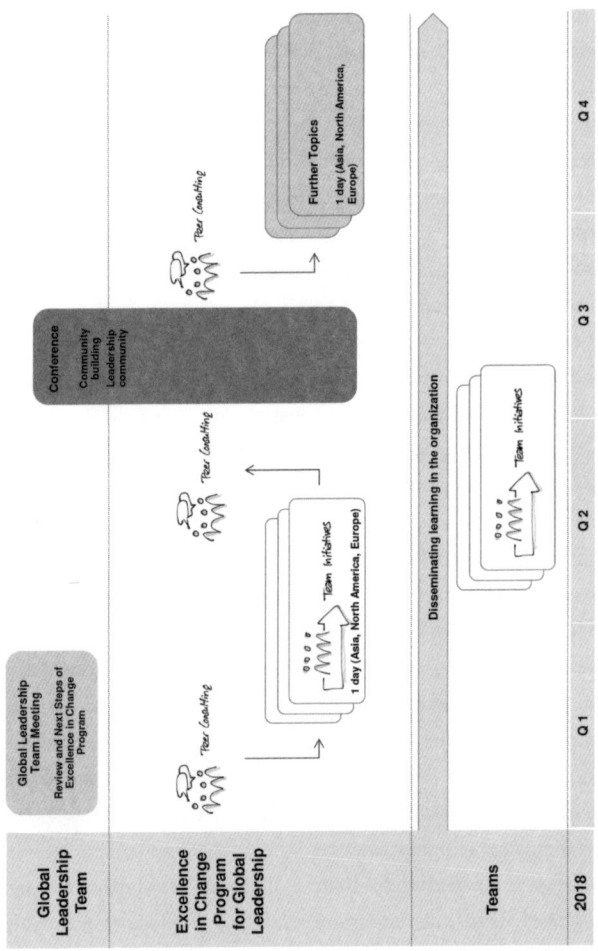

Abbildung 1: Roadmap

Das deutet auf die wichtige Rolle der Kombination von vertikalen und horizontalen Interventionsformen hin, die durch die globale Tragweite des von uns begleiteten Change-Vorhabens und die damit verbundene Internationalität natürlich noch einmal verstärkt wurde. Horizontale Interventionen finden statt, wenn etwa – wie in diesem Veränderungsprozess – Teaminitiativen auf Teamebene entwickelt werden oder Individuen anderen Individuen Peer Consulting zukommen lassen. Vertikale Interventionen sind dagegen Ebenen übergreifend. Auf der Leadership-Konferenz wurde die Gesamtausrichtung des Change-Vorhabens in das Bewusstsein der Führungskräfte gerufen und sie wurden dazu ermutigt, die Veränderungen in die Kommunikation mit ihren Mitarbeitenden zu tragen. Gleichzeitig wurde diese Form der Kommunikation um schriftliche Change-Kommunikation an alle Organisationsmitglieder (z. B. durch Newsletter und Mitteilungen im Intranet) ergänzt, sodass sichergestellt werden konnte, dass die wichtigsten Informationen für alle in gleicher Weise zur Verfügung standen.

Wichtig für die Wirksamkeit der Architektur war außerdem die ständige Reflexion des Prozesses auf der Projektleitungs- und Führungsebene. Dies schuf die Grundlage für die Führungskräftekonferenz, in der dann noch nicht bearbeitete Hindernisse zur Sprache gebracht, Botschaften verzahnt und neue Teaminitiativen entwickelt werden konnten sowie die zweite Workshop-Phase auf Teamebene (Modul II) vorbereitet wurde. Während der Projektlaufzeit wurde etwa monatlich der Fortschritt des Change-Vorhabens in einem Projektleitungsmeeting diskutiert. So konnten die jeweils nächsten Schritte im Change-Prozess stets mit Blick auf die aktuellen Entwicklungen auf der Ebene der Gesamtorganisation justiert werden.

1.2.3 Interventionen

Was hat die gewählte Architektur in besonderer Weise wirksam gemacht, um den Wandel nachhaltig in der Organisation zu verankern? Um das zu verstehen, darf man nicht nur auf die Orchestrierung des Gesamtprozesses schauen, also gleichsam auf die Komposition der Musik, sondern muss ebenso das Spiel der einzelnen Instrumente – der Interventionen – beachten.

Den Interventionen, die Teil der Change-Architektur selbst waren, war jedoch – das soll nicht unerwähnt bleiben – gleichsam eine Botschaft vorgeschaltet, die den organisationalen Zusammenhang der Change-Vorhaben vermittelte und bei den Mitarbeitenden ein Gefühl der Sinnhaftigkeit schuf. Bereits vor der Initiierung der konkreten Change-Maßnahmen wurde von der Führung eine Umdefinition angeboten, wie das Unternehmen in Zukunft verstanden werden kann. Statt sich über die produzierten Bestandteile von Hygieneprodukten – also das Was der Produktion – zu definieren, sollte eine Umfokussierung auf das Wozu stattfinden, das man besonders beim Produzieren von Grundchemikalien schon mal aus den Augen verlieren kann, vor allem wenn der Kunde nicht der Endverbraucher ist. Eine wirkungsvolle Botschaft, um die Produktion von Bestandteilen von Hygieneprodukten neu zu betrachten, lautete etwa: »Wir sorgen dafür, dass Mädchen das ganze Jahr in die Schule gehen können.« Durch diese vorangehende Umorientierung vom Was auf das Warum (vgl. Sinek, 2011a, 2011b) kam eine Idee von Sinnhaftigkeit in die Organisation, die ihr die Kraft gab, auch in schwiergen Phasen die Veränderung weiter mit Leben zu füllen.

Diese Haltung bildete außerdem die Grundlage, um im weiteren Verlauf des Veränderungsprozesses deutlich zu machen, dass es mit der Wende hin zu einer veränderten Haltung ernst gemeint war. Entscheidend war nun in Bezug auf alle weiteren Interventionen, wie die zu Beginn des Change-Vorhabens identifizierten Themen in einer Weise bearbeitet werden konnten, die sicherstellte, dass die spürbare Bereitschaft zur kontinuierlichen Veränderung, die die Organisation erfasste, nicht nur ein Strohfeuer blieb. Einen Teil der

Antwort dazu habe ich schon mit Blick auf die Change-Architektur gegeben, als es darum ging, dass die Teaminitiativen darauf abzielten, konkrete neue Routinen in der Organisation zum natürlichen Miteinander werden zu lassen.

Mit Blick auf die Interventionsebene will ich noch einmal gesondert auf die Impact-Methoden (siehe dazu S. 58f.) eingehen, die wir insbesondere im Zuge der Leadership-Konferenz benutzt haben, um den Aufbruch zu einer veränderten Haltung nicht nur in den Köpfen, sondern vor allem auch in den Herzen und Händen der Führungskräfte zu verankern. In diesem Kontext ist es wichtig, zu verstehen, dass Veränderung niemals allein über rationale Einsicht in die Notwendigkeit des Change-Vorhabens gelingt, sondern immer erfahrbar gemacht und erlebt werden muss (vgl. Kapitel *1.8 Aglität und Impact*).

Diese Erfahrungen und Erlebnisse müssen jedoch in die Change-Architektur eingebettet und integriert sowie mit der inneren Logik des Change-Prozesses verknüpft sein. Dies deckt sich mit der Beobachtung, dass z. B. Outdoor-Methoden (etwa gemeinsames Wildwasserrafting oder der Besuch einer Kletterhalle) praktisch keine Chance haben, nachhaltige Veränderung in der Organisation zu bewirken. Deshalb wählten wir zu Beginn der Konferenz eine Intervention, die genau die Themen, die sich im Verlauf des Veränderungsvorhabens als relevant herausgestellt hatten, aufgriff, spielerisch und erlebbar bearbeitete und durch eine abschließende Reflexion für den weiteren Veränderungsverlauf nutzbar machte. Bei der Intervention überraschten wir die etwa 120 teilnehmenden internationalen Führungskräfte mit einer großen Anzahl von Saftpressen, Obst und Gemüse, Schneidebrettern, einem Lebensmittelanalyseaufbau und einem Filmteam auf einer Wiese vor dem Tagungshotel. Was sollte damit geschehen? Der Auftrag lautete, hundert Flaschen Saft herzustellen, der den Kriterien »tasty, healthy, sexy«[4] entspricht. Der Saft sollte in vier Stunden abgefüllt werden, einen Namen, ein Marketing- und Vertriebskonzept sowie ein Label bekommen und es sollten Werbespots in vier Sprachen gedreht sein. Es galt also, *aktiv* zu werden und selber zu Produzentinnen einer eigenen Saftkreation zu werden. »Produzentinnen« war dabei in einem umfassenden Sinn zu verstehen: Zunächst musste eine eigens zu diesem Zweck eingerichtete Abteilung »Research & Development« die beste Mischung finden, während andere Teilteams gleichzeitig – trotz des noch ungewissen Ausgangs dieser »Forschungen« – die Aufgabe hatten, Vorbereitungen für die Produktion zu treffen oder Etiketten und Werbespots für das zu kreierende Produkt zu entwerfen. In der Übung spiegelten sich genau die Themen wider, die den Auftrag des Change-Vorhabens darstellten: »Wie bekommen wir Geschwindigkeit in unsere Zusammenarbeit?«, »Wie überwinden wir Silodenken?« Aber vor allem auch: »Wie verbessern wir die internationale Kollaboration?«

Diese Übung wurde von uns speziell für diese Konferenz entwickelt. Sie sollte die ganze Produktionskette von der Idee bis zum Produkt umfassen. Die Schritte konnten nicht nacheinander, sondern mussten simultan abgearbeitet werden (Zeitvorgabe). Das Marketingkonzept und die Werbefilme mussten schon produziert werden, obwohl der Name des Saftes und seine Zusammensetzung noch nicht entwickelt war. Das Thema, Saft aus guten Materialien zu produzieren, passte zu den Inhalten der Einheit, wie Nachhaltigkeit und Sinnhaftigkeit.

Die Übung brachte den Teilnehmenden nicht nur jede Menge Spaß, sondern wirkte auch beziehungsfördernd, weil sie sich auf Grundlage der im Veränderungsprozess entwickelten Leitwerte mit neuen Formen der Zusammenarbeit beschäftigten. Mit Blick auf die

---

4 Die Konferenzsprache war Englisch.

Konferenz als Ganzes stellte es sich als lohnend heraus, dass wir hier auf Basis des Grundsatzes »Beziehungsgestaltung vor inhaltlicher Auseinandersetzung« verfuhren. Anschließend an die Übung verkündete die Bereichsleiterin eine gemeinsame Vision, mit der sich die Mitarbeitenden nun mit »open hearts and open minds« verbinden konnten. Insbesondere die entstandenen Werbespots in den vier relevanten Sprachen (Deutsch, Englisch, Portugiesisch, Mandarin) wurden nachhaltig in der Organisation verbreitet.

Wir schlossen die Konferenz ab mit einer weiteren Impact-Methode: Alle Teilnehmenden erhielten einen leichten, faltbaren, handgepäckkompatiblen und von uns beschrifteten Papphocker. Zum einen symbolisierte der Papphocker, der nunmehr die einzige Sitzmöglichkeit im Raum war, mit seinem mäßigem Sitzkomfort die Notwendigkeit, aus der eigenen Komfortzone herauszukommen. Außerdem konnte jeder Teilnehmende eine Seite seines Hockers mit Blick auf die Erfahrungen und Erlebnisse der Konferenz mit seinem »personal commitment« (seiner persönlichen Selbstverpflichtung) beschriften und dies der Gruppe anschließend mitteilen. So war es den Teilnehmenden möglich, ihr Commitment in ihr lokales Büro mitzunehmen. Der bebilderte Hocker diente zum Transport der Botschaft und konnte zum Anlass genommen werden, mit den direkten Mitarbeitenden darüber zu sprechen, was die Führungskräfte auf der Konferenz erlebt hatten, aus welchen Elementen der Change-Prozess besteht und was dies für eine Umsetzung in Form von Initiativen auf lokaler Ebene bedeutet.

1.3 Arten von Change

Das geschilderte Change-Vorhaben illustriert unterschiedliche Herausforderungen und Methoden, die im Kontext von Veränderungsprozessen eine große Relevanz haben. In den folgenden Kapiteln werden ausgewählte Themen aus dem Arbeitsbereich »Change«

behandelt. Dabei wird deutlich werden, was wir als *Ute Clement Consulting* in langjähriger Erfahrung über das Gelingen von Veränderungsprozessen gelernt haben.

Wer aufmerksam gelesen hat, hat vielleicht bereits gemerkt, dass wir Abstand nehmen von dem auch in systemischen Kreisen immer wieder verwendeten Begriff des Change Managements, da dieser in krassem Gegensatz zu den Prämissen systemischen Denkens und systemischer Theorie steht (vgl. Kotter u. Rathgeber, 2017).

In unseren Augen suggeriert der Begriff »Management« im Kontext von Change-Vorhaben zu sehr, dass Prozesse selbst in turbulenten Zeiten von Veränderung letztlich planbar und von vorne bis hinten steuerbar (eben »managebar«) seien. Im Gegensatz dazu möchten wir zeigen, dass es für das Gelingen von Change gerade wesentlich ist, sich von solchen Steuerungsvorstellungen zu verabschieden und einen offenen und situativen Umgang mit sich verändernden Umwelten zu erlernen. Wir stehen nicht für ein steuerndes und kontrollierendes Management von Change-Prozessen, sondern gestalten sie so, dass die Chance für produktive Interaktionen innerhalb der Organisation erhöht wird. Und wir folgen dem Satz von Heinz von Foerster, der über allen unseren Interventionen stehen könnte: »Handle stets so, dass die Zahl deiner Wahlmöglichkeiten größer wird« (von Foerster, 1993, S. 234). Wir sind überzeugt, dass diese Haltung gegenüber der Beeinflussbarkeit von Prozessen elementar für eine erfolgreiche Prozessbegleitung ist. Es geht uns darum, Räume zu schaffen, in denen konstruktive Selbstorganisationsprozesse stattfinden können.

Für einen ersten Überblick über das Thema Change möchte ich mit einer kurzen Charakterisierung unterschiedlicher Arten von Change beginnen. Dazu gehören auch unterschiedliche Anlässe für Change, wobei wir häufig, wenn wir mit dem Begriff des Wandels konfrontiert sind, dies mit einer großen, scheinbar alles umfassenden Bewegung der Veränderung assoziieren. Diese wird dann oft noch negativ konnotiert, weil sie mit wirtschaftlicher Unsicherheit verbunden wird. Dem Wandel »ausgesetzt sein«, vom Wandel »betroffen sein«, den Wandel »überstehen« – oft gibt schon unsere Sprache wichtige Aufschlüsse über unsere Haltung gegenüber Veränderung. Wie wir als Systemikerinnen und Systemiker wissen, können unsere sprachlichen Konventionen und Metaphern zu sich selbst erfüllenden Prophezeiungen werden. Deshalb stehen unsere Beratungsprojekte unter dem Motto »Passion for Change«. Doch unabhängig davon, wie leidenschaftlich man dabei ist – Wandel ist zunächst einmal weder etwas Positives noch etwas Negatives, sondern schlicht ein Faktum menschlicher Existenz.

Die Welt ist konstant in Veränderung begriffen. Für uns als Change-Beraterinnen bilden Veränderungsprozesse natürlich einen Dauerfokus der Beobachtung. Doch wahrscheinlich haben alle Menschen zu irgendeinem Zeitpunkt ihres beruflichen oder privaten Lebens intensiv mit Wandel zu tun. In Analogie zu dem bekannten Bonmot des britischen Schauspielers, Dramatikers und Komponisten Noël Coward »Ich kann jede Kritik vertragen, solange es sich dabei um uneingeschränktes Lob handelt!« sind wir von jeder Veränderung begeistert, solange es sich dabei um eine uneingeschränkte Verbesserung des Ausgangszustandes handelt. Nur die wenigsten Menschen wehren sich gegen eine Verdoppelung ihres Gehaltes. Auch zusätzliche Urlaubstage erfreuen sich großer Beliebtheit. Und kaum jemand würde wohl protestieren, wenn unsere Städte mittels Elektromobilität abgas- und stickoxidfrei würden.

Doch das letzte Beispiel verweist schon auf ein Paradox, das vielen Change-Prozessen innewohnt. Denn auch wenn die Ziele des Wandels oft sehr erstrebenswert sind, heißt das nicht, dass der Weg dorthin auch gewünscht ist. Im genannten Fall der Elektromobilität etwa haben wir es damit zu tun, dass Hunderttausende Arbeitsplätze von der Herstellung von Verbrennungsmotoren abhängen.

Wandel und Stabilität bedingen einander. Ein Automobilhersteller, der seine Mitarbeitenden vor den gewaltigen Herausforderungen dieser Umstellung bewahrt, existiert in zwanzig Jahren vielleicht nicht mehr. Gleichzeitig wäre es der Gestaltung des Wandels ebenso abträglich, ihn einseitig zu betonen, da so aus dem Blickfeld verschwinden würde, was die Menschen brauchen, um den Wandel zu meistern (vgl. auch das Konzept der stabilen Zonen in Kapitel 1.6).

Nichtsdestotrotz scheint es aktuell so, dass wir in einer Zeit beschleunigten Wandels leben. Als Change-Beraterinnen müssen wir mit der Tatsache umgehen, dass wir die Geschwindigkeit der Veränderung nicht steuern können. Wir können aber unser Möglichstes tun, um Change für die Menschen gestaltbar zu machen.

Der Grund, warum das Thema Veränderung als eines der wettbewerbsrelevantesten angesehen werden kann, ist das Wirken von ökonomischen Makrotrends. Diese können wir als diejenigen, die sich mit Wandel professionell beschäftigen, nicht beeinflussen. So sagte Ron Sommer (ehemaliger Vorstandsvorsitzender der Deutschen Telekom) im Jahr 2000 über das Internet: »Das Internet ist eine Spielerei für Computerfreaks, wir sehen darin keine Zukunft« (Gergs, 2016, S. 23). Er dürfte damit genauso in die Geschichte eingehen wie der damalige Chairman von IBM, Thomas Watson, der im Jahr 1943 verkündete, »dass es weltweit einen Markt für vielleicht fünf Computer« gäbe.

Heute ist unsere Wirtschaft von neuen Technologien und einer zunehmenden Digitalisierung bestimmt, die mit einer beschleunigten Globalisierung einhergeht (vgl. Horx, 2011). In Organisationen – und die stehen ja in diesem Buch hauptsächlich im Fokus – leitet sich daraus die Notwendigkeit ab, damit irgendwie umzugehen, um die eigene Überlebensfähigkeit zu sichern. So unspezifisch könnte man es in einem ersten Schritt zunächst formulieren. In unterschiedlichen Formen muss es Anpassungen an die sich verändernde Umwelt geben.

Organisationen leben und sind dauernd in Bewegung. Viele dieser Bewegungen werden gar nicht als Change wahrgenommen, sondern als sich veränderndes Tagesgeschäft. Die Entwicklung einer neuen Produktpalette in Automobilkonzernen etwa wird gewöhnlich nicht als disruptiver Change wahrgenommen. Das Beispiel des Umstiegs auf Elektromobilität zeigt jedoch, dass das nicht immer der Fall sein muss. Aufgrund veränderter Umweltbedingungen kann für eine Organisation die Notwendigkeit entstehen, sich auch kurzfristig anzupassen, um so ihr Überleben zu sichern. Anlässe für disruptiv erlebte organisationale Veränderung sind »dramatische«, seltene Ereignisse. Demgegenüber stehen fortlaufende, kontinuierliche Veränderungsprozesse.

Was sind also diese »Veränderungen«, die man sinnvollerweise in einer besonderen Kategorie behandelt, indem man auf den englischen Begriff »Change« verweist? In unserer Praxis hat sich bewährt, zwischen zwei Arten von Change-Aufträgen zu unterscheiden. Eine dritte ergibt sich aus der Kombination der beiden ersten. Mir ist bewusst, dass es unendlich viele unterschiedliche Change-Typologien gibt. Manche Autorinnen unterscheiden fünf, andere acht und einige gar 17 verschiedene Kategorien von Change. Ich differenziere zwischen organisationalem und Mindset-Change. Wie die Begriffe deutlich machen, ist das Hauptkriterium, das ich anwende, nicht die Zeiteinheit (episodisch vs. kontinuierlich), sondern konkret die Frage, *was* verändert werden soll.

Im organisationalen Change geht es um die Veränderung von Strukturen und Prozessen: Eine Organisation verändert sich, ein Unternehmen wird in ein anderes integriert, ein Unternehmensteil wird verkauft, eine neue Berichts- oder Prozessstruktur wird eingeführt. Was heißt das für die Mitarbeitenden, die sich in neue Rollen und Strukturen einfinden müssen? Und wie ist damit umzugehen, dass einige Menschen in den neuen Strukturen nicht mehr auftauchen, dass also z. B. Menschen im Zuge der Verkleinerung einer Abteilung freigestellt wurden? Was kann man tun, um trotz oder gerade *wegen* veränderter Arbeitsumstände und -abläufe das volle Potenzial der Mitarbeitenden zur Entfaltung zu bringen? Wie können neu gekaufte Unternehmensteile einer bestehenden Firma wirklich zugehörig werden? All dies sind Fragen, die in Change-Vorhaben, die auf organisationalen Change zielen, eine Rolle spielen. In diesem Szenario hat die eigentliche Veränderung oft schon stattgefunden und nun geht es darum, zu einem neuen Gleichgewicht zu finden und in manchen Fällen das, was auf dem Papier gut aussah, auch in der Realität zu einem Erfolg werden zu lassen – oder es eben aufs Neue zu verändern.

Dies ist ein entscheidender Unterschied zur zweiten Hauptkategorie von Veränderung, mit der wir arbeiten: dem Mindset-Change. An dieser Stelle möchte ich darauf hinweisen, dass es hier *nicht* um den aus der New-Age-Bewegung stammenden und neuerdings auch von einigen Change-Beratern viel benutzten Begriff des Bewusstseins geht. Mir geht es bei Mindset um eine Einstellung, Denkweise oder Mentalität. Man kann hier auch von Kulturveränderung sprechen. Wenn wir überhaupt von Bewusstsein sprechen wollen, dann müssten wir stets hervorheben, dass sich das Bewusstsein nur über das *Tun* ändert. Kommunikationsmuster beispielsweise verändern sich, indem man anders kommuniziert.

Sich einer Sache bewusst zu sein, reicht nicht. Sonst läge der Kurzschluss nahe, dass es mit dem Predigen einer neuen Haltung schon getan wäre. Doch die Keynote-Message vom Vorstand allein genügt nicht. Wandel entsteht nicht unmittelbar durch Einsicht, sondern nur wenn auf Basis dieser Einsicht Kommunikations- und Entscheidungsroutinen verändert werden. In diesem Sinne ist auch der Begriff »Mindset« zu verstehen: Eine Veränderung des Mindsets oder einer Kultur kann man auch als eine Veränderung der Herangehensweise an Probleme verstehen. Und solch ein Umbruch kommt niemals über Nacht, sondern ist harte Arbeit. Vielleicht haben wir bis in die 1980er Jahre die Veränderungsmöglichkeit von Menschen überschätzt – auch später in systemischen Kreisen. All das schwingt nach, wenn Führungskräfte davon reden, dass nur ein verändertes Mindset vonnöten wäre. In diesem Buch betone ich, dass Change inszeniert werden muss, um deutlich zu machen, dass Veränderung nur gelingt, wenn sie auf unterschiedlichen Ebenen gleichzeitig stattfindet. Dazu gehört idealerweise sogar die Ebene physiologischer Prozesse, wie es häufig bei Impact-Methoden (siehe unten) berücksichtigt ist.

Aus dem bisher Gesagten ergibt sich ohne Weiteres, dass beide Arten von Change auch kombiniert werden können. Einem organisationalen Change kann ohne Probleme ein Mindset-Change und Kultur Change folgen oder vorausgehen – manchmal ist dies sogar notwendig. Doch es ist von Vorteil für die Begleitung von Change-Prozessen, wenn wir wissen, mit welcher der beiden Arten wir es gerade zu tun haben. Eine Mischform von Change, bei der beide Arten von Change zu jedem Zeitpunkt eine Rolle spielen – z. B. bei der Integration eines gekauften Unternehmensteils –, würden wir in unserem Schema als dritte Hauptkategorie benennen. Bei Integrationen haben wir es immer mit einem substanziellen organisationalen Change und – in fast allen Fällen – gleichermaßen mit der Notwendigkeit eines Mindset-Change zu tun, die daraus entsteht, dass unterschiedliche Unternehmenskulturen aufeinandertreffen und eine neue Unternehmenskultur geschaffen werden soll.

Bei Integrationen nehmen wir eine doppelte Funktion ein. Auf der einen Seite arbeiten wir selbst in den Integrationsprojekten zu den Themen Change und Kommunikation. Auf der anderen Seite blicken wir natürlich auch als systemische Beraterinnen auf das Projekt. Dazu muss man nicht nur systemisch, sondern auch systematisch vorgehen. Man muss auch als systemische Beraterin in einer Projektorganisation gestalten können, d. h. man muss Projektmanagementtools beherrschen sowie Meilensteine liefern und bedienen, also die Projektarbeit beherrschen. Danach tritt man jedoch auch wieder einen Schritt zurück und schaut sich die Veränderungen von außen an. Auf diese Weise bekommt man beide Perspektiven: die der Teilnehmenden und die der Beobachtenden. Ich kann auf den Umgang mit dieser – nach unserer Typologie – dritten Art von Change nur in dieser Kürze eingehen, da das Thema »Arbeit in Integrationsprojekten« selbst Inhalt eines weiteren Buches sein könnte.

Nach dem Überblick über die verschiedenen Arten von Change gilt es im Folgenden, die Frage zu beantworten, was es eigentlich heißt, diesem Wandel *systemisch* zu begegnen. Dazu ist in erster Linie ein systemisches Verständnis von Organisationen vonnöten. Dieses bietet die Grundlage, um sich Themen wie Emotionen, Impact-Methoden und – später – narrativen Konzepten zu widmen.

1.4 Internationalität

Bevor ich mich im nächsten Kapitel dem zentralen Thema widme, wie wichtig ein organisationales Verständnis bei der Begleitung von Change-Vorhaben ist, möchte ich zunächst herausstellen, wie entscheidend es ist, das Thema Internationalität dabei immer mitzudenken. Schon bei der Darstellung der Arten des Change bin ich darauf eingegangen, dass Globalisierung und in der Folge wachsende Internationalität in vielen Fällen ein Treiber für Wandel ist. Deshalb muss im Beraterteam unbedingt interkulturelle Kompetenz vorhanden sein. Ihre Bedeutung wird in vielen Change-Vorhaben (aber auch in Publikationen zum Thema Change) immer noch unterschätzt (vgl. Clement, 2011).

Das Thema Internationalität wird an vielen Stellen des Buches aufflackern – etwa, wenn es um die Frage geht, wie Impact-Methoden »geteilte Bedeutung« (»shared meaning«) produzieren können, ohne auf die Sprache zurückzugreifen, oder wie gerade Sprache in der Form von Geschichten in der Lage ist, Gemeinschaft zu stiften (vgl. Chlopczyk, 2017). Für diese stetige Thematisierung möchte ich an dieser Stelle den Rahmen schaffen, indem ich zunächst einmal darauf verweise, wo Internationalität in Change-Prozessen eine Rolle spielt:

In Meetings sitzen sich Mitarbeiterinnen mit verschiedenen kulturellen Hintergründen gegenüber, Teams müssen sich über Kontinente hinweg verständigen, Unternehmen müssen ihre Organisationsstruktur an eine zunehmend internationale Arbeitsweise anpassen. Während es um eine Veränderung in Richtung mehr Internationalität geht, ist dabei eine häufig zu wenig berücksichtigte Komponente, dass wiederum der Umgang mit Veränderung je nach Nationalität ein anderer ist.

Wenn wir bei Change-Vorhaben beratend wirken, greifen wir auf eine langjährige Erfahrung im Bereich interkultureller Beratung zurück (vgl. Clement, 2011). Dies hat sich oft entscheidend für den Erfolg von Projekten erwiesen. Was interkulturell vorgebildete Berater auszeichnet, ist eine Entdecker-Haltung, die sich wohl am besten in dem Satz zusammenfassen lässt: »Oh, that's different, tell me more about it ...« Gerade im Kontext der von uns beratenen internationalen Change-Projekte wird immer wieder deutlich, wie bereichernd Vielfalt sein kann. Entscheidend ist dafür jedoch, dass wir einige Grundprinzipien beachten, von denen das wichtigste wahrscheinlich ist, erst Gemeinsamkeiten zu schaffen, bevor Unterschiede bearbeitet werden. Oft werden vorschnell kulturelle Differenzen betont. Dabei gerät meist aus dem Fokus, dass man sich in vielen Grundfragen – etwa bezüglich der Herangehensweise an ein bestimmtes Projekt – doch eigentlich sehr einig ist. Erst, wenn man die Gemeinsamkeiten – den »common ground« – gefunden hat, ist die Standfestigkeit gut genug, um sich den Unterschieden zu widmen. Dabei hilft es, sich nicht in Details zu verlieren, sondern sich die relevante Leitdifferenz anzuschauen. Oft stellt sich dann sogar heraus, dass der relevante Unterschied gar nicht per se durch die Nationalkultur bestimmt ist. Viel wichtiger sind z. B. oft Professions- oder Abteilungsgrenzen. Versucht man beispielsweise die Leitdifferenz Gründlichkeit versus Schnelligkeit zu bearbeiten, so hat diese manchmal weniger damit zu tun, dass etwa »deutsche Wertarbeit« gegen »amerikanisches Effizienzdenken« steht, sondern vielleicht eher damit, dass sich eine aus Ingenieuren bestehende Projektgruppe mit den Vorgaben des Managements ihres amerikanischen Mutterkonzerns auseinandersetzen muss. Dieses Beispiel macht auch deutlich, wie wichtig organisationales Verständnis bei der Begleitung von Change-Prozessen ist, da man nur auf diese Weise einen Hintergrund hat, um die relevanten Unterschiede herauszufinden (zum Begriff »Unterschiede« siehe auch nächstes Kapitel).

Zu diesen relevanten Unterschieden können aber natürlich auch kulturelle Eigenheiten gehören. So dürfte das Verhältnis zum Thema Change bei einem in der Region Shanghai oder Hongkong operierenden Großkonzern ein anderes sein als bei einem deutschen. Grob gesprochen wird gegenwärtig in Asien Veränderung eher als etwas Positives begrüßt, während man in Europa Change oft mit der Haltung »es wird weniger« gegenübersteht. In Amerika ist das Verhältnis zu Change nochmal anders: Dort gibt es einen starken Fokus auf Tools und Machbarkeit – eine »can do«-Einstellung, bei der jedoch manchmal die Komplexität von Change-Vorhaben unterschätzt wird. Selbstverständlich geht es in der Justierung und Kalibrierung von Change-Vorhaben auch um kulturelle Eigenheiten. Wie sehen die Erwartungen aus, wie schnell Change-Projekte umgesetzt werden und wie stark Mitarbeitende partizipieren können? Auch danach unterscheiden sich Kulturen. Wichtig ist, stets neu zu schauen, wie kulturell begründete Aspekte etwa mit organisationalen zusammenspielen.

Als ein gutes Diagnose-Tool bei den oft mit Internationalität verknüpften Projekten, für die wir angefragt werden, haben sich die Bennett-Phasen erwiesen (vgl. Bennett, 1998; vgl. Abbildung 2). Sie beschreiben Entwicklungsprozesse interkultureller Kompetenz. Diese werden dargestellt als mögliche Fortschrittsgeschichte von einer ethnozentrischen Phase, in der die eigene Kultur Maßstab aller Dinge ist, hin zu einer ethnorelativen Phase, in der die eigenen kulturellen Prägungen nicht mehr als das Maß aller Dinge genommen werden und damit auch etwa pauschale Abwertungen anderer Kulturen unterbleiben (vgl. Clement, 2011). Unseren Erfahrungen nach sind die Bennett-Phasen sehr nützlich – nicht nur, um eine individuelle Einschätzung vorzunehmen, sondern auch, um die interkulturelle Reife einer Organisation einzuschätzen. Unsere Interventionen stimmen wir dann auf diese Einschätzung ab. Beispielsweise haben manche Organisationen bereits verinnerlicht, Mitglieder von Kulturen, die eher den Wert Zurückhaltung pflegen, in Workshop-Settings in besonderer Weise einzubinden, um auch ihre Kompetenzen für die Organisation nutzbar zu machen – für andere Organisationen stellt eine solche Vorgehensweise dagegen einen Lernschritt dar.

Ein allgemeines Muster in Bezug auf internationale Change-Projekte ist, dass in der Kommunikation desto weniger Deutungsspielraum gelassen werden darf, je internationaler diese sind. Bei den bereits erwähnten Mindset-Changes spielt das eine große Rolle. Was heißt es beispielsweise, wenn man sagt, man wolle »more entrepreneurial« und »more open« sein? Solche Formulierungen können Missverständnissen Tür und Tor öffnen, wenn sie nicht konkretisiert, also auf die Verhaltensebene heruntergebrochen werden. In der Verständigung über solche Ausdrücke lassen sich dann oft eine Menge Ressourcen der Organisation heben, die sonst im Verborgenen geblieben wären – etwa, wenn deutlich wird, dass »entrepreneurial« noch viel mehr bedeuten kann als zunächst angenommen.

Kontext

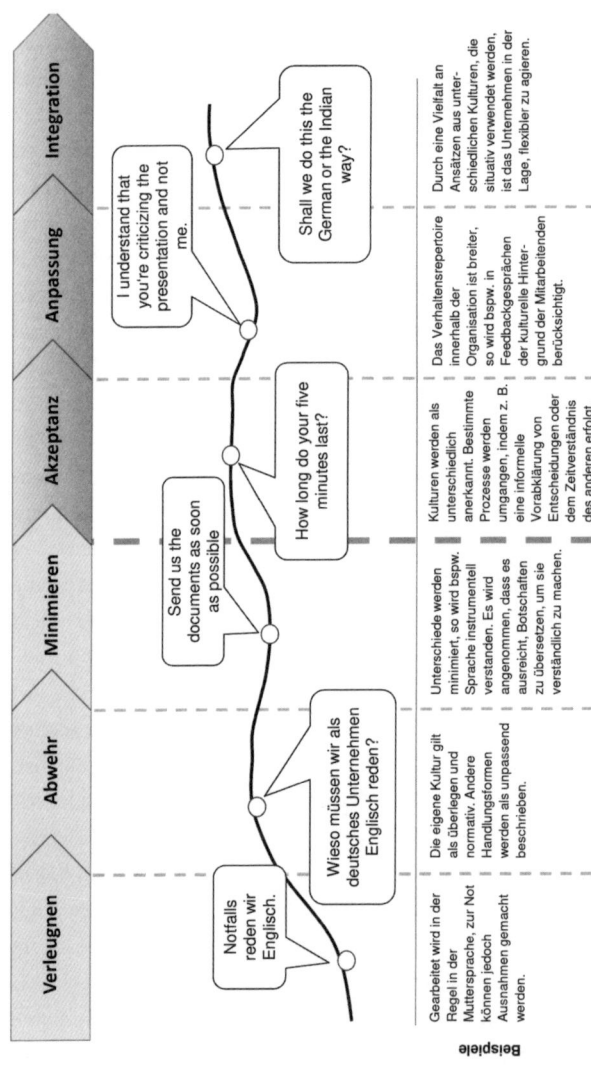

Abbildung 2: Die Bennett-Phasen (nach Bennett, 1998)

Manchmal lernt man auch sich selbst in solchen Prozessen in einer neuen Rolle kennen. So gelang es mir einmal während eines Workshops in China anscheinend nur unvollständig, die Rolle des Moderators (»facilitators«) in der systemischen Beratung zu vermitteln. So blieb es während der gesamten Workshop-Dauer bei der Verabschiedung »Goodbye, teacher!« am Ende des Tages. Was wir daraus lernen können, ist zum einen, dass es einer weiteren Verbreitung systemischer Beratung in China bedarf, und zum anderen, wie eng Rollenerwartungen mit gewissen kulturellen Kontexten verknüpft sein können. Der Begriff der Rolle leitet zum nächsten wichtigen Thema über, wenn wir auf Change in Organisationen blicken – dem Verhältnis von Organisation und Person.

1.5 Organisationen

Systemisch an Change-Prozesse heranzugehen bedeutet immer, die ganze Komplexität organisationaler Prozesse im Auge zu haben. Das unterscheidet auch systemische Beratung etwa von Fach- oder Expertenberatung, bei der immer ein besonderer Aspekt der für die Organisation relevanten Wirklichkeiten in den Fokus rückt, z. B. Strategie oder Marketing. Während sich in Lehrbüchern leicht zwischen eher auf Sachfragen spezialisierter Beratung und eher an der Sozialdimension orientierter Beratung (die sich oft systemisch nennt …) unterscheiden lässt, liegen die Dinge in der täglichen Arbeit von Veränderungsprozessen anders. Schließlich ist die Change-Beraterin auch selber »Sachexpertin«: nämlich für Veränderungsprozesse und das heißt im Idealfall auch *für Organisationen.*

Wie bereits der Satz »Culture eats strategy for breakfast« von Peter Drucker veranschaulicht, stellt Kultur einen sehr mächtigen Bezugsrahmen dar. Versäumt man bei einer strategischen Veränderung, ihn zu berücksichtigen, wird sie scheitern. Vielmehr muss eine neue strategische Ausrichtung immer auch mit einem Kulturwandel einhergehen. Und auch wir als Change-Berater (und damit sozusagen für die Kultur Zuständige) werden oft Ansprechpartner für die Frage, welche Veränderungen in dem gegebenen Rahmen überhaupt möglich sind – und natürlich auch (wie wir im Kapitel *1.7 Roadmaps* sehen werden) in welcher Zeit was zu schaffen ist. Systemisch auf Veränderungen zu schauen ist also sehr anspruchsvoll – sehr viel anspruchsvoller, als Mitarbeitenden mangelnde Bereitschaft zum Change zu attestieren und sie ausschließlich auf Change-Trainings zu schicken. Eine solche Praxis rechnet Veränderung jeweils der einzelnen Persönlichkeit zu und ignoriert die Erkenntnis, dass Change immer komplexe Veränderung von Strukturen bedeutet. (Ein Beispiel ist der Einsatz von Konzepten wie »Changeability«.)

Wenn wir also sagen, dass Change nicht allein durch Lösung von Sachfragen gelingt, aber eine zu starke Betonung der Sozialdimension ebenfalls zu kurz greift, ist zu fragen, wie es denn gelingen kann, beides auf sinnvolle Weise zu verknüpfen. Hier hilft ein Ausflug in die systemische Organisationstheorie (vgl. Simon, 2007), die in meinen Augen das beste Werkzeugset bietet, um organisationale Prozesse zu erhellen. Während Philosophen fragen: »Warum gibt es überhaupt etwas und nicht vielmehr nichts?«, treibt die Systemikerinnen eine ähnliche Frage in Bezug auf Organisationen um, die man auch etwas salopper fassen könnte – etwa in der Formulierung »Warum ist die Organisation, in der ich heute meinen Arbeitstag verbringe, noch die gleiche wie am Vortag?«. Oder persönlicher: »Was ist der Grund dafür, dass ich auch morgen früh wieder aufstehen werde, um pünktlich um 8:30 Uhr an meinem Schreibtisch zu sitzen?«

Es ist sofort einsichtig, dass beide Fragen für Change-Prozesse unmittelbare Relevanz haben. Jedoch wäre es ein Kurzschluss, sich bei ihrer Beantwortung auf die naheliegendsten Antworten zu stürzen. Die Organisation ist nicht die gleiche wie am Vortrag, weil es dasselbe Gebäude ist, das ich betrete. Und die Tatsache, dass auch ich morgens zur Arbeit erscheine, weil ich dafür bezahlt werde, ist nur der uninteressantere Teil der Antwort. Gibt es andere Währungen, die ebenfalls im Spiel sind (Sinn, Anerkennung, Freude, Geselligkeit)? Oder wäre es nicht noch viel interessanter zu fragen, warum auch mein mehrmaliges Nicht-Erscheinen die Organisation nicht zum Stillstand bringen wird (selbst, wenn ich CEO bin) und bei dauerhaftem Fernbleiben die Funktion sogar durch jemand anderen ausgefüllt werden wird und meist auch werden *kann?*

Systemiker zeichnen sich durch eine Grundhaltung der Offenheit und des wohlwollenden Staunens aus, die sich schon bei der Betrachtung von Internationalität als wesentlich herausgestellt hat (»Oh, that's different, tell me more about it …«). Analog könnte man bezüglich des organisationalen Alltags sagen: »Oh, that's familiar, I want to understand it …« Denn die Konstituierung einer Organisation als Organisation ist zunächst erklärungsbedürftig – umso mehr, wenn es gilt, Fragen des Wandels zu thematisieren, die ja bei Mitarbeitenden häufig das Gefühl auslösen, dass angeblich »nichts bleibt wie zuvor«. Doch auch die gegenteilige Klage ist oft zu hören im Kontext der Diagnose, dass ein Großteil der Change-Initiativen als gescheitert angesehen werden muss oder im Sande verläuft. Dann wird konstatiert, dass sich trotz toller Slogans, Logos, PowerPoint-Präsentationen und Workshops »nichts geändert habe« und die organisationalen Strukturen beharrlicher seien als gedacht.

Es lohnt sich also, einen genauen Blick auf die spezifische Funktionsweise von Organisationen zu werfen. Denn was wir nicht verstehen, lässt sich auch nicht verändern – es sei denn in einer die Komplexität über Gebühr reduzierenden Weise, welche die Organisation im schlimmsten Fall »dümmer« macht. Ein Beispiel: Nicht nur in der Politik wird Wandel häufig zu stark mit Personen verknüpft. Wenn man nur eine Person austausche, so die gängige Denkart, würde sich das mit ihr assoziierte Problem schon verflüchtigen. Übersehen wird dabei, dass Personen nur *einen* Teil der organisationalen Wirklichkeit ausmachen. Niklas Luhmann – und mit ihm die systemische Organisationstheorie – spricht von vier »Entscheidungsprämissen«, denen es beim Blick auf die organisationale Wirklichkeit Beachtung zu schenken gilt: Programme (die man als Menge der Regeln verstehen kann), Kommunikationswege (vor allem hierarchische Strukturen), Personal und Kultur (vgl. Luhmann, 2000). Gerät eine der vier Prämissen aus dem Blick, ist die Organisationsanalyse im besten Fall unvollständig – im schlimmsten Fall fokussiert man seine Aufmerksamkeit an der falschen Stelle und der Problemkontext bleibt unberührt oder das Problem verschlimmert sich. Ein klassisches Beispiel dafür ist – neben der eben skizzierten immer noch anzutreffenden einseitigen Fixierung auf einzelne Personen – die Missachtung der besonderen Rolle der Kultur unter den vier Entscheidungsprämissen. Luhmann nennt sie eine »nicht entscheidbare Entscheidungsprämisse«. Damit meint er, dass über Kultur im Gegensatz zu Regeln (»Programmen«), Hierarchie (»Kommunikationswegen«) und Personen (»Personal«) nicht direkt entschieden werden kann. Und doch scheint sich das Gerücht zu halten, dass es in Wandlungsprozessen ausreichen würde, sich für eine neue Unternehmenskultur schlicht zu entscheiden und sie dann zu verkünden – so als ob sich Mitarbeitende nur deshalb nicht »innovativ« und »offen für Neues« gezeigt hätten, weil es am Signal dazu aus der Führung gemangelt hätte. Wir gehen nicht davon aus, dass wir Kultur von a nach b verändern können, sondern laden Menschen ein, einen neuen Fokus zu setzen und damit einen Attraktor zu finden, der für Viele in der Organisation attraktiv und erstrebenswert ist.

Etwas ganz anderes ist es, wenn in Change-Prozessen nach und nach zu Bewusstsein gebracht wird, an welchen Stellen »innovatives« und »zukunftsoffenes« Verhalten *blockiert* wurde. Da kommen wir dann sehr schnell zu den drei eben genannten »entscheidbaren Entscheidungsprämissen«. Trifft vielleicht zu, dass trotz anderslautender

Verkündigungen bei Personalentscheidungen eben nicht die »verrückten Querdenker« eingestellt wurden, die langfristig das Potenzial gehabt hätten, das Unternehmen nach vorne zu bringen, aber kurzfristig scheinbar zu viel Unruhe in die geordneten Abläufe gebracht hätten? Wurde bei Projekten eventuell auf starre Kommunikationswege gepocht (»Hierarchie«), was es unmöglich machte, neue Wege zu gehen, ohne sie mit mindestens drei Stellen abzustimmen? Und gab es vielleicht in Bezug auf die Ziele eine solch ehrgeizige Ausrichtung an gewissen finanziellen Kennzahlen, dass für Neues (etwa im Sinne von Googles Idee, 20 Prozent der Zeit in nicht direkt umsatzgenerierende Projekte zu stecken) gar kein Raum blieb?

Wie wir sehen, führt der organisationstheoretisch geschulte Blick sofort zu sehr plausiblen Neubetrachtungen der organisationalen Wirklichkeit. Um Unternehmenskultur zu verändern, muss »über Bande gespielt werden« (Grubendorfer, 2016, S. 83), das heißt – wie die Hypothesensammlung im letzten Abschnitt bereits nahelegte – es müssen Entscheidungen anders getroffen werden. Dies eröffnet die Möglichkeit, dass sich Kultur auf einer neuen Basis – über die Zeit hinweg – selbstorganisiert neu entwickelt. Was jedoch auch in diesem Zusammenhang zur Enttäuschungsprophylaxe gesagt werden muss, ist, dass Entscheidungen über lange Zeit nachwirken. Eine einmal getroffene Personalentscheidung kann die Führungskultur eines Unternehmens auf Jahre beeinflussen.

Dies rückt noch einmal die Bedeutung von Entscheidungen in den Mittelpunkt: Die systemische Organisationstheorie charakterisiert sie als die Grundoperation von Organisationen. So schreibt Fritz Simon aufbauend auf Niklas Luhmanns sozialer Systemtheorie: »Entscheidungen sind die Operationen, durch die Organisationen sich reproduzieren: *Ohne Alternativen keine Unsicherheit, ohne Unsicherheit keine Entscheidungen, ohne Entscheidungen keine Organisation*«

(Simon, 2007, S. 69). Während sich gesellschaftliche Teilsysteme über andere Dinge reproduzieren – im Falle der Wirtschaft über den Code des Geldes, im Falle des Rechtssystems über den des Rechts –, geht es in Organisationen unabhängig von Fragen ihres Zweckes immer wieder darum, dass sie der Ort von Entscheidungen werden, welchen wiederum weitere Entscheidungen folgen. Trifft eine Organisation keine Entscheidungen mehr, hört sie auf zu existieren.

Für den Change-Prozess wesentlich ist nun die systemische Sichtweise auf die Struktur von Entscheidungen. Denn Entscheidungen finden niemals im luftleeren Raum statt. Zum einen beruhen sie auf den bereits genannten Entscheidungsprämissen, deren Veränderung ja immer der Gegenstand von Change-Prozessen ist. Keine Veränderung ist denkbar, in der es nicht etwa um eine Erneuerung von Regeln, hierarchischen Strukturen, Menschen oder Kultur geht. Zum anderen werden Entscheidungen selbst wieder zur Voraussetzung für weitere Entscheidungen. Wird beispielsweise im Unternehmen ein Enterprise Resource Planning-Programm[5] (z. B. SAP) zur Steuerung von Geschäftsprozessen eingeführt, so mag dies auf den ersten Blick »nur« wie eine Entscheidung auf der IT-Seite erscheinen. Doch was oft zu wenig Beachtung findet, ist, dass es sich um einen Beschluss über Entscheidungsprämissen handelt: wann bestimmte Reports abzugeben sind (Konditionalprogramme), wer an wen zu berichten hat (Kommunikationswege/Hierarchie), vielleicht sogar wer in Zukunft noch im Unternehmen gebraucht wird (Personal). Eine solche Entscheidung zieht meist auch einen radikalen Kulturwandel nach sich. Wenn z. B. Zahlen über die ganze Organisation ans Headquarter gemeldet werden, bedeutet das, dass sich grundsätzlich etwas an der Kommunikation und an den Machtverhältnissen ändert.

---

5 Hierbei handelt es sich um IT-Steuerungsprogramme, die tiefgreifend in die Prozesse von Unternehmen eingreifen, z. B. in Personalverwaltung oder Controlling.

Organisationen systemisch zu betrachten, heißt also, es sich nicht einfacher zu machen, als ihre Komplexität es zulässt. Deshalb funktioniert auch der Rückgriff auf vermeintliche »Best practice«-Lösungen nicht immer. Jede Entscheidung hat unterschiedlichste Umwelten zu berücksichtigen. Doch zu viele glauben noch an die scheinbar einzig richtigen Lösungen und gleichsam berechenbare, objektiv herleitbare Entscheidungen.

Diesem Denken ist Heinz von Foersters Diktum entgegenzustellen, dass »nur die Fragen, die prinzipiell unentscheidbar sind, entschieden werden können« (Pörksen u. von Foerster, 1998). Damit verweist er auf die jeder Entscheidung innewohnende Dimension der Unsicherheit, die gerade bei Change-Prozessen stets mitgedacht werden muss. Gäbe es die allein seligmachende Antwort auf die Frage, wie Organisationen zu verändern seien, so könnten wir sicher sein, dass ein Großteil der Unternehmen sie bereits gefunden hätte – womit der daraus entstehende Wettbewerbsvorteil verloren wäre.

Entscheidend ist also vielmehr eine Haltung der Offenheit, die ein Reagieren auf Veränderungen im Laufe der Umgestaltung möglich macht. Dies ist es, was systemische Change-Beratung ausmacht, die es bevorzugt, Lösungen nicht von vornherein zu kennen, sondern mit dem Kunden zu entwickeln. Ich werde weiter unten (vor allem in Bezug auf die Roadmaps) noch auf Tools und Interventionen zu sprechen kommen. Hier ist jedoch mit Blick auf die Grundausrichtung einer systemischen Herangehensweise zunächst einmal die Toollosigkeit zu betonen. Wenn es das *eine* Tool oder Toolset gäbe, das Change-Prozesse garantiert zum Gelingen brächte, wäre das Thema »Change Management« kein Thema mehr. (Doch die Tatsache, dass nicht einfach nur Management vonnöten ist, ist ja der Grund, warum wir diesen Begriff nicht benutzen.) Und die Organisationen bräuchten keine Beraterinnen in Change-Prozessen, sondern nur Zertifizierte in der »Methode Change«. Doch so einfach ist die Welt leider nicht, auch wenn die »Tooligans« sie sich so wünschen. Deshalb gilt der Weick'sche (systemische) Grundsatz: »Drop your tools!« (Weick, 1996). Damit ist jedoch nicht »anything goes« gemeint, wie ich im Laufe des Buches zeigen werde.

Wie Weick ausführt, sind Tools im Normalablauf eines Betriebs nützlich. Wichtig ist, die Umstände zu erkennen, in denen es überlebensnotwenig ist, die Tools fallen zu lassen, weil sie zu einer Last werden, die das schnelle Reagieren verhindern. Gute Change-Begleitung bedeutet gerade – um auf ein weiteres systemisches Motto zurückzugreifen – die »Unterschiede, die einen Unterschied machen« (Bateson, 2000) aufzuspüren und auf ihrer Basis das Change-Vorhaben zu gestalten. Diese Unterschiede können, wie wir gesehen haben, *auch* im personalen Bereich liegen. Doch unsere Erfahrung lehrt uns, dass die organisationalen Zusammenhänge meist von weit größerer Bedeutung sind. Organisationale Muster haben oft Bestand, selbst wenn nach einiger Zeit alle ursprünglich an ihnen beteiligten Personen nicht mehr Teil der Organisation sind. Dies zeigt die Vorteile, die darin liegen, Personen als eine der »Umwelten« der Organisation zu konzeptualisieren.

Personen treten – wie die systemische Organisationstheorie es ausdrückt – in »strukturelle Kopplungen« (Simon, 2007) mit der Organisation ein. Damit ist gemeint, dass nicht der ganze Mensch als Teil der Organisation begriffen wird (wie könnte er auch? – schließlich sind wir morgens unter der Dusche noch nicht Teil der Organisation), sondern nur der Teil, der gerade an der organisationalen Kommunikation beteiligt ist (wobei »Kommunikation« umfassend verstanden werden muss als alle Prozesse, die das organisationale Geschehen ausmachen; zum Unterschied von Kommunikations- und Handlungstheorie; vgl. Simon, 2007). Durch diese Perspektive können wir in Veränderungsprozessen eine zu starke und einseitige Fixierung auf Personen vermeiden. Denn es wird nur darauf geschaut, was in den jeweils zu Entscheidungen führenden Kommunikationen relevant ist. Kaufen wir die neue Packung Druckerpapier oder kaufen wir sie nicht? Veranstalten wir dieses Jahr wieder eine »End of the year«-Party? Führen wir die neue Software ein? Werden die zwei Bereiche mit den ähnlichen Aufgabenstellungen zusammengelegt?

Bei all diesen Entscheidungen muss sich die Organisation zu mehr oder weniger relevanten Umwelten verhalten. Wichtige Umwelten sind »der« Markt (bzw. der von der Organisation als Umwelt definierte), gesellschaftliche Trends, technologische Entwicklungen und viele weitere. Systemische Organisationstheorie hilft, den Fokus darauf zu richten, welche Faktoren bei organisationalen Entscheidungen eine Rolle spielen, indem sie diese Faktoren gerade nicht in der Organisation selbst verortet. Die Organisation ist – so viel Theorie muss sein – ein soziales System, welches durch Kommunikation bestimmt ist und dessen zentraler Mechanismus der Reproduktion, wie wir gesehen haben, in der Fortsetzung des Entscheidungsmechanismus liegt. Ich werde in den folgenden Kapiteln noch auf viele Implikationen dieser Weichenstellung eingehen, die die systemische Betrachtungsweise mit sich bringt. An dieser Stelle soll die Bemerkung genügen, dass wir mit diesen organisationstheoretischen Vorbemerkungen gewappnet sind, um uns mit einem Thema zu beschäftigen, das für gewöhnlich überwiegend der personalen Seite von Change-Prozessen zugerechnet wird: der Rolle der Emotionen.

1.6 Emotionen und Widerstand

Während meiner langjährigen Arbeit mit Change-Prozessen musste ich immer wieder an einen alten Cartoon denken, in dem ein Redner fragt: »Who wants change?«, worauf alle Hände der Anwesenden schnell in die Höhe gehen. Auf die zweite Frage, »Who wants *to* change?«, gehen sie jedoch genauso schnell wieder herunter (Abbildung 3).

Abbildung 3: »Who wants change?«
(Quelle: http://www.libertyclick.org/who-wants-change/)

Der Cartoon macht deutlich, dass Veränderung auch immer etwas mit einem selbst zu tun hat. Wir verändern ja kein anonymes System. Wir verändern ein System mit Menschen, auch wenn diese, wie wir gesehen haben, in der systemischen Organisationstheorie aus guten Gründen als »Umwelt« operationalisiert werden. Doch genau wie es falsch wäre, sich wie manche Change-Ratgeber auf diese Umwelt zu fixieren, wäre es ein – systemisches – Missverständnis, wenn man annähme, dieser Umwelt aufgrund einer bestimmten theoretischen Disposition nicht die gebührende Aufmerksamkeit zukommen lassen zu müssen oder gar zu *können* (»Tut mir leid, mich mit diesem Phänomen zu beschäftigen, kann ich mit meiner systemtheoretischen

Überzeugung nicht vereinbaren!«). Dieses Verständnis von systemischer Organisationstheorie wäre in meinen Augen nicht zielführend. Und dies ist der Ansatz, den ich in diesem Buch (aber natürlich auch in unserer praktischen Arbeit vor Ort) vertrete: immer wieder neu zu schauen, was die relevanten Unterschiede sind, und dabei jederzeit bereit zu sein, die Tools loszulassen (»Drop your tools!«).

Und gerade was die Beziehung von sozialen Systemen und Personen angeht, können systemische Ansätze einen wirklichen Unterschied in der Betrachtung machen. Hypnosystemische Ansätze beispielsweise (vgl. Schmidt, 2004) bieten dazu eine gute Vorlage. Ein Grundgedanke des hypnosystemischen Denkens ist die Überzeugung, dass die Weise, wie unsere durch Kommunikation bestimmten sozialen Systeme strukturiert sind, eine mächtige Einladung darstellen, psychische Trancezustände zu induzieren, wobei der Trance-Begriff auf Alltagsphänomene angewandt wird. Bereits Milton Erickson verortete Trance-Phänomene nicht nur in der Hypnose, sondern gerade auch und vor allem darin, mit welchen Bewusstseinszuständen wir unseren Alltag gestalten. So können etwa problematische Muster einen so starken Priming-Effekt erzeugen, dass sie die Tendenz haben, sich selbst zu verstärken. Hypnosystemische Arbeit hieße dann, Methoden zu finden, aus einer solchen »Problemtrance« (Selbstverstärkung des Problems) wieder hinauszufinden und sie im Bewusstsein durch eine sogenannte »Lösungstrance« (Leben der Lösung) zu ersetzen.

Mit der Überschrift »Emotionen und Widerstand« verweise ich auf die Aspekte des systemischen Feldes, die nicht rein kognitiv sind. Damit unterstreiche ich gleichzeitig die Anschlussfähigkeit des systemischen Denkens gerade beim Thema Emotionen. Sich mit Emotionen zu beschäftigen, heißt ja nicht, kurzzeitig das eigene organisationale Verständnis auf die Zuschauerbank zu verbannen. Im Gegenteil: Organisationale Entscheidungen beziehen sich, wie wir gesehen haben, eben auch auf die Umwelt der psychischen Systeme (und sei es nur im bewussten Missachten dieser – im Glauben daran, man habe »keine Zeit mit Emotionen zu verschwenden«, was dann meist langfristig zu umso stärkeren emotionalen Ausbrüchen führt). Bauchgefühle, Emotionen und Intuitionen bilden *einen* Hintergrund für organisationale Entscheidungen (sogar bis hin zu Fusionsentscheidungen, die vom Bauchgefühl oder der Stimmung der CEOs der Firmen, die von »Hochzeiten im Himmel« träumen, maßgeblich beeinflusst werden können).

Ein Beispiel für einen Change-Ansatz, der die Betrachtung organisationaler Komplexität mit der Einbeziehung psychischer Komplexität verknüpfen will, ist die »Theorie U« von Otto Scharmer vom MIT – Massachusetts Institute of Technology (Scharmer, 2009; Abbildung 4).

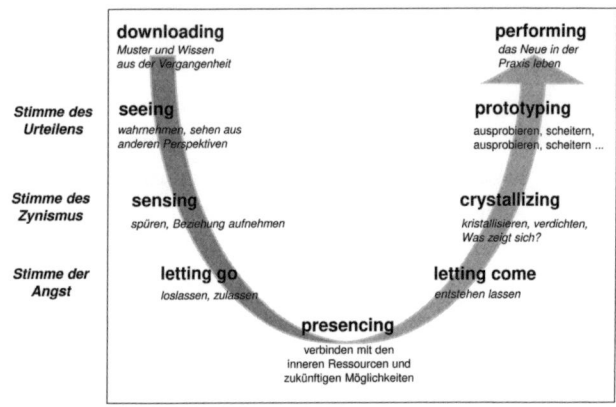

Abbildung 4: Theorie U und die verschiedenen Stimmen in Organisationen (nach Scharmer, 2009)

Scharmer geht davon aus, dass Veränderung besonders dann gelingt, wenn ihr eine »Öffnung des Denkens, des Fühlens und des Willens« vorausgegangen ist. Den dann möglichen Akt bezeichnet er als »presencing«. Damit ist gemeint, dass man in Verbindung mit sich selbst für mögliche neue Zukunftsversionen offen wird und auch eine klarere Idee davon erhält, was es ist, was man da »in die Welt bringen« möchte. Einfacher formuliert könnte man auch sagen, dass erst eine Verbindung mit dem eigenen Inneren kreatives Handeln in der Organisation möglich macht. Den gegenteiligen Modus bezeichnet Scharmer als »downloading«. In ihm mangelt es an Innehalten und Hinsehen. Alte Muster der Vergangenheit werden einfach »heruntergeladen« und fortgesetzt. Was Scharmer in meinen Augen sehr gut verdeutlicht, ist, dass Veränderung nie ohne innere Veränderung gedacht werden kann – und die findet im Idealfall im Modus des »presencing« statt.

Während sich manche Kommentatoren von Scharmer unter anderem eine nüchternere Sprache gewünscht hätten (Kühl, 2015), so ist doch nicht von der Hand zu weisen, dass der Plot, den er beschreibt, Evidenz hat, wenn man Change positiv, also aktiv und nicht reaktiv gestalten will. Wir werden später mit Blick auf die Methodik der Heldenreise sehen, wie es möglich werden kann, Scharmers Ansatz auf Change-Prozesse zu übertragen (»Was ruft mich zur Veränderung?«). Die Ideen von Scharmer legen dazu gleichsam die Grundlage, da er sich weigert, ein universales Muster der menschlichen Bewusstwerdung (von ihm durch die U-Form charakterisiert) im organisationalen Geschehen praktisch auszuklammern. Wenn wir einmal darüber nachdenken, wie Veränderung in unserem eigenen Leben stattgefunden hat, dann stoßen wir recht schnell auf die U-Form (innehalten, hinsehen, loslassen, kommen lassen etc.) – *wenn* es sich um Change-Prozesse gehandelt hat, die nicht als Zwang von außen erlebt wurden. Deshalb kann das Denken in der U-Form gerade in Change-Prozessen von großer Hilfe sein.

Die Beschäftigung mit Scharmer führt uns zu den Problemen mit der herkömmlichen Sichtweise von Emotionen und Gefühlen in Change-Prozessen. Eine besondere Rolle spielt dabei die Angst, die oftmals als Hauptwiderstand beschrieben wird. Veränderungsprozesse – so eine weit verbreitete Sichtweise – lösen Widerstände bzw. Ängste aus, sodass eine Hauptaufgabe der mit der Begleitung des Change-Prozesses Betrauten ist, den Beteiligten diese Angst zu nehmen. Übersehen wird dabei zumeist, dass – bevor die Angst auftrat – jemand da war, der anderen diese Angst *zugeschrieben* hat. Gerade beim Thema Gefühle und Emotionen zeigt sich, wie wichtig und wertvoll die systemische Perspektive ist. Bevor wir uns kommunikativ in einem sozialen System bewegen, tun wir gut daran, uns über die Ebene unserer Äußerungen Klarheit zu verschaffen. Bewährt hat sich dabei die Einordnung von Aussagen in die drei Kategorien: Beschreiben, Erklären und Bewerten (Simon, 2010).

Wenn wir mit dieser Brille auf das Phänomen Angst und Widerstand in Change-Prozessen blicken, erkennen wir, dass das, was als das Auszuräumende und Problemhafte in Change-Prozessen angesehen wird, in Wirklichkeit ein guter Indikator ist für die Themen, die zur Bearbeitung anstehen. Dies erinnert mich an den Sponti-Spruch »Wenn du paranoid bist, heißt das noch lange nicht, dass du nicht verfolgt wirst« – will heißen: Der Sprung auf eine Erklärungsebene (»Die haben Angst«) oder noch schlimmer direkt auf eine Bewertungsebene (»Die haben Angst, weil sie so unflexibel sind«) verhindert den Blick auf das gegenwärtig Stattfindende, die »realen«, beschreibbaren Tatsachen. Da sind z. B. Mitarbeitende, die noch keine Information erhalten haben, ob ihr neu zugeschnittener Arbeitsbereich noch die gleichen Fähigkeiten von ihnen verlangen wird wie der vorherige – oder noch nicht mal, ob sie diesem Arbeitsbereich oder dem Unternehmen als Ganzem dann überhaupt noch angehören werden. Da sind z. B. Zahlen, die darauf hindeuten, dass sich das Unternehmen in einer lebensbedrohlichen Krise befindet, aber niemand hat die Mitarbeitenden informiert, wie die Geschäftsführung mit diesen Zahlen umzugehen gedenkt.

Die Zuschreibung von Angst oder Widerstand ist immer einfach, doch es ist nicht angebracht, bei als real erlebten Bedrohungen immer gleich auf die psychologische Ebene zu springen und gar dort das Problem zu verorten. Steht das Ergebnis einer solche Analyse (»Angst«) erst einmal fest, sind schnell Maßnahmen eingeleitet, diese dem Change scheinbar im Weg stehende Angst aus dem Weg zu räumen. Vielleicht wird bewusst auf Hochglanzbroschüren (»best in class«) verwiesen und in Team-Meetings betont, dass alles halb so schlimm sei. Oftmals wird durch eine solche Vorgehensweise jedoch genau das Gegenteil von dem erreicht, was beabsichtigt war. Das Phänomen, das als Angst interpretiert wurde, verfestigt sich in den Köpfen (»Wenn sie schon zu solchen Statements greifen müssen, muss es ja um das Unternehmen wirklich schlecht bestellt sein!«). In Wirklichkeit reden wir, wenn wir von Angst reden, schlicht über die Symptome eines noch nicht in den Köpfen und Herzen verankerten Change-Anliegens.

Ich möchte die These wagen, dass – wenn Change-Prozesse richtig aufgesetzt werden – Angst kein sie bestimmendes (gleichsam unausweichliches) Thema ist, sondern einer der vielen wichtigen Indikatoren, die uns bei genauerer Beobachtung Aufschluss geben, was der nächste Schritt sein könnte (um wiederum die Unterschiede, die einen Unterschied machen, zu finden). Angst ist eine Brille, die sich die Verantwortlichen bei Change-Vorhaben viel zu oft aufsetzen. Was bei Angstfokussierung häufig hilft (Stichwort »Problemtrance«), ist ein Blick darauf, was wir »stabile Zonen« nennen (Rauen, 2004, S. 95 ff.). In Workshops sollen Mitarbeitende identifizieren (und sich gegenseitig davon berichten), was »stabile Zonen« für sie sind. Das können z. B. Ideen, Menschen, Plätze, aber auch Routinen sein, die für das Individuum (aber in der Folge natürlich auch für die Organisation) identitäts- und haltgebend sind.

Das jährliche Gespräch mit dem Vorgesetzten kann für den Einen beispielsweise eine stabile Zone sein, da es die Perspektive gibt, mindestens einmal im Jahr bestimmte Themen mit einer größeren Perspektive zu besprechen. Außerdem gehören Skills und Fähigkeiten zu den wichtigsten stabilen Zonen. Freilich bekommen wir auf diese Weise auch Informationen, wie sich ein Change-Vorhaben im weiteren Verlauf steuern lässt (siehe Kapitel *1.7 Roadmaps*) – wenn beispielsweise deutlich wird, dass z. B. ein bestimmtes Kulturelement für eine gewisse Anzahl von Mitarbeitenden eine stabile Zone darstellt (etwa die offizielle Begehung von Mitarbeitergeburtstagen), und deshalb zu überlegen ist, wie diese auch nach einer Fusion, in deren Zuge unterschiedliche Kulturen aufeinanderstoßen, erhalten bleiben könnte. Organisationen befinden sich stets in einem Spannungsfeld aus Stabilität und Veränderung. Um Change-Prozesse erfolgreich zu begleiten, bedarf es eines Ausbalancierens dieser beiden Pole.

Ein zweites in diesem Zusammenhang relevantes Tool ist die Arbeit mit der Change-Kurve, die auf den Arbeiten von Elisabeth Kübler-Ross zum Umgang mit kritischen Lebensereignissen aufbaut (Kübler-Ross, 2001; Abbildung 5).

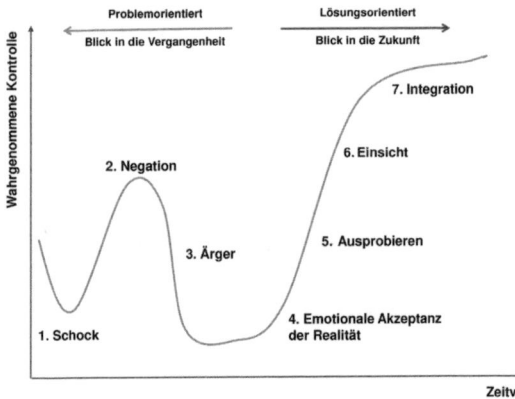

Abbildung 5: Die Change-Kurve (angelehnt an die Veränderungskurve nach Kübler-Ross, 2001)

Die Idee der Change-Kurve ist, dass positive und negative Emotionen in Change-Projekten nicht zufällig verteilt sind, sondern einem typischen Muster folgen. Am Anfang stehen Schock, Negation und Ärger. Erst dann folgt langsam Akzeptanz, und mit ihr kommt auch allmählich die subjektiv wahrgenommene Kontrolle zurück, welche nach Momenten der Resignation zunächst verloren gegangen war. Durch Trial und Error werden neue Einstellungen und Verhaltensweisen ausprobiert und gelernt. Erst danach kann es zu Einsicht und einem neuen Kompetenzerleben kommen, was zu einer Integration der Veränderung in die neuen Abläufe der Organisation führt.

Hieraus lassen sich eine Reihe wichtiger Beobachtungen in Change-Prozessen ableiten. Wenn z. B. unterschiedliche Level der Hierarchie an anderer Stelle der Change-Kurve stehen, kann die Koordination zwischen beiden schwierig werden. In einer solchen Situation gilt es, Verständnis dafür zu fördern, an welcher Stelle sich die andere Seite befindet. Fast immer ist es so, dass Mitglieder des Top-Managements an anderer Stelle der Change-Kurve stehen als die Belegschaft. Sie haben meist früher vom Change erfahren und sind dementsprechend in ihrer Bearbeitung von Enttäuschung und dem Sich-Einstellen auf Konsequenzen weiter. Worauf es in einer solchen Lage ankommt, ist, dem jeweils anderen die eigene emotionale Situation deutlich zu machen und sich dabei darüber im Klaren zu sein, dass dieser in einer anderen Situation ist als man selbst. Die verschobenen Change-Kurven sind für uns ein wichtiges Tool, um unterschiedliche Befindlichkeiten auf den verschiedenen Ebenen darzustellen. Außerdem helfen sie dabei, Führungskräfte zu coachen, damit sie wahrnehmen, dass sie immer zu Mitarbeitenden sprechen, die sich in einem anderen Stadium der Change-Kurve befinden.

Change-Kurven und stabile Zonen deuten darauf hin, dass eine Orientierung am Positiven, an den Ressourcen der Organisation und an einer Vorstellung davon, was für die Zukunft von Bedeutung ist, als weit wichtiger angesehen werden kann als eine Orientierung am Negativen (»Angst und Widerstand«). Eine Herangehensweise, die in diesem Zusammenhang besondere Erwähnung verdient, ist die des »Positive Leadership« (Seliger, 2008). Aufbauend auf der modernen Glücksforschung (Seligman u. Csikszentmihalyi, 2014) werden darin Methoden zusammengefasst, die gemeinsam haben, dass sie sich auf die Stärken einer Organisation beziehen, so z. B. auf die Sinnhaftigkeit von Tätigkeiten (beispielsweise das Heilen von Menschen als Resultat der Entwicklung neuer Medikamente); auf die Lust, Neues zu entdecken und vieles mehr. Durch Fragen nach dem, was gut läuft in der Organisation, wird der Fokus auf diejenigen Ressourcen und Stärken einer Organisation gelegt, die gerade in Change-Prozessen eine ungeheure Relevanz besitzen.

Vor diesem Hintergrund wird deutlich, dass ich auch den Begriff des Widerstands – im Gegensatz zu vielen Autorinnen in diesem Feld – nicht als zentral für die Beschreibung von Change-Prozessen ansehe. Widerstand ist immer ein Zeichen dafür (parallel zu dem, was ich bereits zur Angst sagte), dass etwas Wesentliches über die bevorstehenden Herausforderungen noch nicht verstanden wurde. Es ist allgemein ein hilfreicher Ansatz, Menschen als Wesen zu beschreiben, die aus ihrer Sicht heraus vernünftig handeln – und wenn es sich etwa bis dato bei Change-Vorhaben meist um Lippenbekenntnisse gehandelt hat, ist es absolut nachvollziehbar, als Organisationsmitglied in das neueste mit viel Pomp verkündete Projekt nicht viel emotionale Energie zu investieren. Wie es anders geht, will ich nun mit dem konkreten Blick auf Roadmaps illustrieren.

1.7 Roadmaps

Wir haben nun einen guten Überblick darüber, wie wir Change aus systemischer Sicht verstehen. Was jetzt noch fehlt, ist, wie wir in

Change-Prozessen die unterschiedlichen Perspektiven zusammenführen. An dieser Stelle kommt die zeitliche Dimension ins Spiel, denn Veränderung geschieht immer über eine bestimmte Zeit. Change-Vorhaben gewinnen ihre Brisanz durch Zeitdruck. Bestünde keine Notwendigkeit, dass Dinge jetzt oder bald geschehen, so wäre zu fragen: Warum überhaupt verändern? Nur scheinbar anders liegen die Dinge bei den besprochenen Mindset-Changes. Thema ist auch hier eigentlich in allen Fällen, dass es mit dem bestehenden Mindset so nicht weitergegangen wäre – doch ist manchmal schwer klarzumachen, dass sich Change-Prozesse mit dieser Ausrichtung, wie schon gesagt, der Beschleunigung entziehen.

Die Aufgabe, vor der sich Change-Begleiter also sehen, ist, den angedachten Change in einen zeitlichen Plan zu übersetzen, der der beschriebenen Komplexität gerecht wird. Dabei ist auf die entscheidende Rolle von Entscheidungs- und Feedbackschleifen zu verweisen. Wie wir gesehen haben, heißt systemisch beraten oder systemisch vorgehen ja vor allem auch, sich stets auf das Neue der Situation einzustellen und sich vorurteilsfrei (aber mit organisationalem Sachverstand!) auf die Bezüge innerhalb der Organisation einzulassen. Wichtig ist deshalb, dass Roadmaps auch Raum für Variabilität lassen. Es handelt sich bei ihnen nicht um starre Projektpläne, die keine Abweichung erlauben, sondern sie ermöglichen es, zu verstehen, wo die Organisation gerade steht.

Für die Erstellung von Roadmaps ist viel Erfahrung nötig. Hier soll vor allem gezeigt werden, dass es bei Roadmaps darum geht, die Verbindungen, die im Change-Prozess bestehen – zwischen Management, Teams, Gesamtsystem und Individuen –, aufzuzeigen und visuell zu verdeutlichen. Durch diese visuelle Aufbereitung wird es möglich, ein klares Verständnis vom Weg – beispielsweise von Informationen – zu bekommen. Was im Teammeeting ausgearbeitet wurde, wird den Führungskräften vorgestellt. Diese tragen die

Informationen weiter in den Leitungskreis. Dort werden Schlussfolgerungen gezogen – auch für andere Teams – und die Voraussetzung für die Planung weiterer Workshops geschaffen. Dass Bezüge logisch aneinander anschließen müssen, klingt zwar selbstverständlich, doch es wird erst durch Roadmaps gewährleistet. Systemisches Denken wäre ohne diese Visualisierungshilfe nur schwer möglich – oder doch zumindest erheblich erschwert.

Das Arbeiten mit Roadmaps beruht auf der Idee von Trittsteinen: Was brauchen die Mitarbeitenden einer Organisation, um über den Fluss von A nach B zu kommen? Sobald man die Zeitachse vor sich sieht, kann man als Beraterin Hypothesen bilden und ableiten, was etwa an Qualifizierungen, Maßnahmen, Workshops, Coachings und Meetings notwendig ist, um in der gewünschten Zeit den gewünschten Effekt zu erzielen. Im Idealfall entsteht eine Art Schönheit durch Einfachheit: Wenn deutlich wird, dass mit dem bestehenden Plan eine große Chance besteht, dass die Prozesse zusammenlaufen werden und eine Ordnung im manchmal so wahrgenommenen Chaos des Change sichtbar wird. Wichtig ist dabei vor allem, den Veränderungsprozess zu öffnen und dabei eine mögliche »Weisheit des Systems« zu berücksichtigen sowie möglichst viele bei der Gestaltung des Change einzubeziehen. Ein Verdacht sollte aufkommen, wenn in der Visualisierung fast nur Striche von oben nach unten zu finden sind (»top-down«) und gerade in der Anfangsphase eines Change-Vorhabens die Impulse nicht von denjenigen abgeholt werden, die im Endeffekt vielleicht am meisten betroffen sind (z. B. durch Interviews, Fokusgruppen oder Pulse-Check-Workshops).

Die Überzeugung, die ich noch an vielen Stellen des Buches vertreten werde, ist, dass Veränderungen nur relativ langsam vonstattengehen – gemessen an dem von vielen Führungskräften erwarteten Tempo. In der Fallgeschichte zielte die Bearbeitung der zu beachtenden Themenfelder darauf ab, *bei genau einem Themenfeld (Mut)* eine neue Routine zu etablieren, die den Alltag in der Organisation verändern würde (z. B. Feedback in einer bestimmten Weise zu geben oder sich an eine bestimmte Verhaltensweise bei Meetings zu halten). Wichtig ist natürlich auch, dass Roadmaps (die ja Landkarten sind und nicht das Gelände selbst) nicht mit Erwartungen überfrachtet werden, die nicht erfüllt werden können. Die Fokussierung auf bestimmte Themen innerhalb eines Workshops allein garantiert nicht, dass dort gewonnene Einsichten und Vorsätze anschließend direkt umgesetzt werden können. Unsere Beratungserfahrung zeigt, dass es notwendig und wichtig ist, Besprochenes wiederkehrend aufzugreifen, weiterzuentwickeln und dabei stets den Gesamtprozess im Blick zu behalten. Roadmaps können hier eine wichtige Orientierungshilfe sein.

1.8 Agilität und Impact

Zum Abschluss der Darstellung des Kontexts systemischer Change-Begleitung will ich noch auf die für mich in diesem Zusammenhang zentralen Begriffe »Agilität« und »Impact« eingehen. Der Begriff der Agilität fällt mittlerweile so oft, dass ein skeptischer Mensch zu der Auffassung gelangen könnte, dass es sich dabei um nichts als eine Mode handelt. Das sehe ich nicht so, obwohl ich zugestehen muss, dass der Begriff so universell gebraucht wird, dass genauer zu fassen ist, was Agilität tatsächlich bedeutet.

Die Grundidee von agilen Methoden ist, dass sich mit einer gesteigerten Flexibilität bei einer gleichzeitig reduzierten Vorausplanung Geschwindigkeitsvorteile bei Projekten erzielen lassen, die bei einer Linienorganisation mit viel strenger definierten Prozessen nicht möglich gewesen wären. Die Organisation lernt eher aus kurzen Iterationen, statt sich an einem aufgestellten Plan entlang zu hangeln. Werden wir beauftragt, in einer Organisation auch mit agilen Methoden zu arbeiten, schauen wir beispielsweise, an welchen Stellen es möglich ist, »agile« Kurzmeetings in die Routinen der Organisation aufzunehmen. Darunter ist eine etwa morgendlich stattfindende Check-in-Runde zu verstehen, bei der im Stehen jeder kurz über den aktuellen Stand im Projekt Auskunft geben kann. Sich ergebende Fragen werden gesammelt – ohne dass diese jedoch in der großen Runde diskutiert werden. Das Meeting ist also kein Selbstzweck (wie manchmal die schiere Länge mancher Sitzungsformate suggeriert), sondern es ist schlicht die Plattform, um sich über die nächsten Schritte zu verständigen, die bei agilen Arbeitsweisen – wie gesagt – nicht von langer Hand festgelegt sind.

Hier scheint bereits meine Beschreibung von der Arbeit mit Roadmaps durch, die ja ebenfalls – wie ich betont habe – nicht in Stein gemeißelt sind, sondern als Grundlage dienen, Projektpläne dynamisch anzupassen – dabei jedoch stets einen Überblick über das Geschehen zu behalten. Deshalb lässt sich sagen, dass entscheidender als der *Begriff* Agilität jeweils das ist, was für den Auftraggeber mit ihm verbunden ist. Geht es etwa um mehr Geschwindigkeit? Geht es um kürzere Sitzungen? Geht es um weniger Vorausplanung, mehr Lernen und mehr Kreativität? Wie so oft in der Praxis systemischer Beratung ist es auch hier hilfreich, zu schauen, was hinter oft plakativ benutzten Begriffen steckt. Erst dann kann mit ihnen überhaupt eine wirksame Veränderung verbunden werden, die ja immer im Konkreten stattfindet und eigentlich recht wenig durch mehr oder weniger hippe PowerPoint-Überschriften beeinflusst wird.

Wenn es um Konkretes geht, fällt der Blick unweigerlich auf Impact-Methoden. In unseren Augen gehören die Themen »Agilität« und »Impact« im Kontext von Change-Vorhaben zusammen, da es in beiden Fällen im Prinzip um Schnelligkeit geht. Wenn es heißt »Ein Bild sagt mehr als tausend Worte«, dann ist damit eben auch gesagt, dass man sich die Zeit, die tausend Worte benötigen, sparen kann, wenn man nur das passende Bild hat. Als Impact-Methoden sind alle Techniken zu verstehen, die mit unterschiedlichen Sinneskanälen und konkreten Erfahrungen arbeiten, um einen Eindruck oder Effekt (»Impact«) zu hinterlassen, der sich auf anderem, etwa rein sprachlichem Wege nur schwer so schnell und nachhaltig hätte vermitteln lassen: »Impact-Techniken sind wirksam, weil sie es […] ermöglichen, schneller und dauerhafter wichtige Botschaften aufzunehmen. Denn sie beachten mnemotechnische Prinzipien, die es dem Gedächtnis gestatten, Informationen leicht und nachhaltig aufzunehmen« (Beaulieu, 2005, S. 8 f.).

In meiner Fallgeschichte hat diese Funktion die Saftpresse erfüllt bzw. all die mit ihr verbundenen Aktivitäten, denn die Produktion des Saftes wurde zum sinnlich erfahrbaren Beispielprojekt, um spielerisch zu zeigen, wie cross-funktionale und simultane Zusammenarbeit möglich ist. Durch Impact-Methoden kann eine Art neue Sprache entstehen, die Zusammenhänge leichter verständlich macht, als wenn man sie groß und breit erklärt hätte. Durch den gemeinsam produzierten Saft wurde erfahrbar, was es bedeutet, Silodenken aufzugeben, aber auch, wie schön es sein kann, gemeinsamen Erfolg zu erleben. Das kann zu einem mächtigen Anker in Bezug auf die weitere Zusammenarbeit werden. Veränderung kann niemals allein auf der rational-kognitiven Ebene funktionieren. Kommunikation findet nur zu 20 Prozent auf der sprachlichen Ebene statt (vgl. Sollmann, 2013). In Workshops und Großgruppenveranstaltungen auf Impact-Methoden zu setzen, bedeutet, daraus die für Change-Prozesse relevanten Schlussfolgerungen zu ziehen.

Eine gute Möglichkeit, »Impact« zu erzeugen, bietet die Arbeit mit Filmen. Doch wie überall ist auch hier Vorsicht vor Vereinfachungen geboten: Die Arbeit mit Filmen muss natürlich wiederum in einer Verbindung zum Change-Prozess stehen. In unserer »Saftpressen«-Übung ließen wir die teilnehmenden Führungskräfte Werbespots in Mandarin, Thai, Englisch und Deutsch erstellen, um die vorhandene sprachliche und kulturelle Vielfalt darzustellen. Die Produktion der Werbespots förderte somit gleichzeitig die interkulturelle Kompetenz der Mitarbeitenden. Derart mit dem Change-Vorhaben verlinkten Übungen ist am meisten Nachhaltigkeit beschieden. Beaulieu spricht von acht »mnemotechnischen Prinzipien«, die für den Erfolg von Impact-Methoden von besonderer Wichtigkeit sind: »multisensorisches Lernen«, »abstrakte Konzepte konkret machen«, »nutzen der bereits bekannten Informationen«, »Emotionen auslösen« (siehe Kapitel *1.6 Emotionen und Widerstand*), »das Interesse wecken«, »Lust und Spaß«, »Einfachheit« und »Wiederholung« (Beaulieu, 2005).

Wie ich später mit Blick auf die Inszenierung von Change zusammenfassend ausführen werde, ist auch hier die Stimmigkeit zu beachten. Ein wichtiger Grundsatz, der bereits hier erwähnt werden soll, lautet: »Bigger is not always better.« Will heißen: »Impact« darf nicht quantitativ, sondern muss qualitativ verstanden werden. So kann die Planung einer Großgruppenveranstaltung zum Kick-off eines großen Change-Vorhabens durchaus unverhältnismäßig imposant wirken, z. B. wenn alles bis ins kleinste Detail mit dem Motto der Change-Initiative versehen und beispielsweise allen Mitarbeitenden ein Logo-T-Shirt mit nach Hause gegeben wird, um an diesen großartigen Tag zu erinnern. Denn alles, was danach kommt, kann ja im Vergleich zu diesem Auftakt nur abfallen. Zwar werden dadurch vielleicht die Prinzipien von »Emotionen auslösen«, »Interesse wecken« und »Lust und Spaß« bedient, aber ganz bestimmt wird das Prinzip der »Einfachheit« verletzt und es ist auch nicht sicher, dass so eine Veranstaltung wirklich wiederholbar ist.

Wie ich nun im zweiten Teil des Buchs argumentieren werde, *wirkt* vor allem das, was in eine gute Geschichte eingebettet ist. Deshalb wollen wir uns im Folgenden mit dem Zusammenhang von systemischer Change-Beratung und narrativen Konzepten beschäftigen.

Die systemische Beratung

2 Mit Geschichten Change gestalten

2.1 Zweite Fallgeschichte

2.1.1 Ausgangssituation und Gründe für Veränderung

Ein internationales Pharmaunternehmen beauftragte uns, eine Change-Initiative zu entwerfen und umzusetzen, welche zum einen die Organisation auf einen bevorstehenden Umbruch vorbereiten, zum anderen aber auch das Thema der Veränderungsbereitschaft als solche im Unternehmen voranbringen sollte. Bis zu diesem Zeitpunkt war es in der Organisation möglich gewesen, dieses Thema weitestgehend zu ignorieren – oder anders formuliert: Es war nie notwendig geworden, sich dem Thema Veränderung als einer Aufgabe zu stellen, die mit einem besonderen Kraftaufwand und der Vergrößerung des Marktanteils verbunden war. Bislang war Veränderung immer mit Wachstum assoziiert gewesen. Nun liefen bei den umsatzstärksten Produkten die Patente aus, was erwartbar zu weniger Umsatz führen würde. Man sah die Notwendigkeit, mehr und neue Produkte zu entwickeln und einen anderen Umgang mit Kosten zu erarbeiten. Aufgrund dieser verschiedenen Marktgegebenheiten war nun der Zeitpunkt gekommen, das Thema Wandel auf einer höheren Dringlichkeitsstufe in den Beobachtungsfokus des Managements zu nehmen.

Vor den Veränderungen im Markt blieben zwei Jahre – genug Zeit, um zu vermeiden, dass die Veränderung nur als etwas Krisenhaftes, gleichsam Über-einen-Kommendes erlebt werden würde. Zugleich war es aber auch eine ehrgeizige Deadline in Anbetracht der großen Aufgabe, Bereitschaft für Change nachhaltig in einer Organisation zu verankern, die dem Thema noch wenig Beachtung geschenkt hatte. Hintergrund der bevorstehenden Veränderung war das Auslaufen eines Patents, das bis dahin für einen großen Anteil am Umsatz des Unternehmens verantwortlich gewesen war.

Gleichzeitig stand durch technologische Neuerungen ein zusätzlicher Wandel bevor.

Das Besondere bei diesem Auftrag lag für uns also darin, in die Organisation das Thema »Umgang mit kontinuierlichem Change« in einer Situation einzuführen, in der diese *noch* von Erfolg verwöhnt war. Erfolgsverwöhnte Unternehmen haben es häufig schwer, Lernprozesse anzustoßen und in einen Veränderungsmodus zu kommen. Wandel war bisher immer mit mehr verbunden: mehr Ressourcen, mehr Personal, größere Projekte. Hinzu kam, dass es ja zunächst um die Offenheit, das Handwerkzeug und die Denkwerkzeuge für den Wandel ging. Es gab also keine konkreten Projekte, deren Umsetzung in greifbarer Weise mit der Veränderung verbunden war. Jedoch hatte der Vorstand klare Umsatz- und Renditeziele vorgegeben, deren Erreichen nur möglich werden würde, wenn die richtigen Konsequenzen aus der gegenwärtigen Marktlage gezogen würden.

Da das Unternehmen bislang den weitaus größten Anteil seines Umsatzes mit nur einem Produkt erzielt hatte, galt es die Entwicklung bislang ungereifter Produkte voranzutreiben. Es ging also um eine neue Art zusammenzuarbeiten, in der mit mehr Agilität das Generieren innovativer Produktideen und die Fertigstellung neuer Produkte angegangen würden. Dazu gehörte auch die Förderung von Selbststeuerungskompetenz, da jeder Bereich sich zu überlegen hätte, welchen Beitrag er zum erfolgreichen Wandel beisteuern könnte. Die weitere Herausforderung war, dass es von der amerikanischen Zentrale ein Handbuch zum Thema Change gab und die Idee, es den Mitarbeitenden in einer zweistündigen Wissensvermittlung nahezubringen. Hierbei zeigt sich in einer interessanten Weise ein von Kultur zu Kultur unterschiedlicher Umgang mit dem Thema Change.

2.1.2 Change-Architektur

In einem Change-Vorhaben von der Größe dieses Auftrags kommt es entscheidend darauf an, wirkungsvoll Wege zu finden, um den Gedanken des Change bis tief in die Organisation hineinzutragen. Ein geeigneter Weg, dies zu erreichen, ist die Ausbildung von Multiplikatoren, welche dann selbst Botschafter (engl. »ambassadors«) des nützlichen, agilen Umgangs mit kontinuierlichem Change werden können. Die Mitarbeitenden zum Umgang mit Wandel zu befähigen, bedeutete deshalb für uns, sie auch dazu zu befähigen, wiederum andere befähigen zu können. Für die Führungskräfte wurde ein dreistufiges Programm aufgelegt, welches ihnen ermöglichte, nach und nach in genau diese Rolle zu wachsen. Begleitend zur Durchführung der drei Workshops wurden die Elemente der kollegialen Beratung und der Teaminitiativen eingesetzt, die ich schon im Zusammenhang der ersten Fallgeschichte beschrieben habe. Außerdem setzten wir Einzelcoachings ein, um die Führungskräfte gezielt auf den Change bzw. auf ihre Rolle beim Gestalten des Wandels vorzubereiten (siehe Kapitel *2.1.3 Interventionen*).

In dem dreistufigen Programm war der erste Schritt, Grundlagen zum Umgang mit Change einzuführen. Hierzu gehörten etwa die Konzepte von der Change Story, auf die ich im nächsten Kapitel eingehe, sowie der Change-Kurve. Letzere stellt (wie wir bereits bei der Behandlung des Themas Emotionen gesehen haben) eine charakteristische Entwicklung der Gefühle bei Change-Prozessen dar und macht deutlich, was das für die Interventionen in der jeweiligen Phase bedeutet. Neben der eigenständigen Bearbeitung und Reflexion von Organisationsthemen ging es an dieser Stelle vor allem auch um die Vermittlung von Wissen, Handwerkzeug und Tools – ein Aspekt, der dem Auftraggeber besonders wichtig war, da das Thema Change für die Organisation so neu war und daher der Wunsch bestand, ein etabliertes Wissen und Toolset zu haben, das allen Führungskräften als Hintergrund zur Verfügung stehen sollte. Dadurch ließ sich auch gut das Change-Handbuch der amerikanischen Zentrale einbauen. So wurde eine solide Basis geschaffen, um im zweiten und dritten Modul die Auseinandersetzung mit der eigenen Rolle und der eigenen Führungsaufgabe zu forcieren und gleichsam von der allgemeineren Ebene auf die praktischere und persönlichere zu wechseln.

Im zweiten Modul wandten wir die Heldenreise-Methodik[6] an, um den Blick auf den je persönlichen Zugang zum Thema Change zu richten. Wie wir bei der eingehenden Beschäftigung mit der Methodik in den nächsten Kapiteln noch sehen werden, lauteten hier die Leitfragen: »Was ruft mich zur Veränderung?« und »Welchen Weg müssen wir gehen?«. Diese Themenstellung betraf die entscheidende Frage, wie der von der Geschäftsleitung ausgehende Ruf zur Vorbereitung auf kontinuierliche Veränderung auf die je eigene Situation übersetzt werden konnte. Dies diente zur Vorbereitung, um dann im dritten Modul den Fokus auf den jeweils verantworteten Bereich zu legen und zu fragen, welche weiteren Schritte dort zur Öffnung in Richtung Veränderung beitragen könnten. Außerdem wurde weiterer methodischer Input gegeben: etwa dazu, welche Rolle Rituale bei der Verankerung von Change-Initiativen in der Organisation spielen können und wie man mit Roadmaps (siehe Kapitel 1.7) nicht nur einen Überblick über den Change-Verlauf behält, sondern diesen auch zu navigieren in der Lage ist. Zusätzlich wurde in jedem Modul der gegenwärtige Stand der Teaminitiativen sowie des Peer Consultings beleuchtet und reflektiert.

---

6 Die Heldenreise-Methodik bezieht sich auf einen Ansatz des Mythenforschers Josef Campbell (1999), der sich mit universalen Mustern von Veränderung und Entwicklung befasst hat.

2.1.3 Interventionen

Bei einem so umfassenden Change-Vorhaben liegt ein wesentlicher Faktor für die Nachhaltigkeit der gewünschten Veränderungen in der Auswahl der richtigen methodischen Herangehensweise. »Interventionen« sind in diesem Kontext nicht als punktuelle Eingriffe zu verstehen, die einen Prozess in eine andere Richtung lenken können, sondern als Herangehensweisen, um ein Lernen zu ermöglichen, welches nicht morgen schon wieder vergessen ist. Entscheidend waren deshalb Interventionen auf der narrativen Ebene, die wir durch Thematisierung der Change Stories sowie der Heldenreise-Methodik (siehe auch Kapitel *2.3 Heldenreise*) und von Ritualen erreichten. Die Change-Architektur war dem Erlernen narrativer Kompetenz, d.h. der Fähigkeit, gute Geschichten zu erzählen anstatt Schlagzeilen auf Powerpoint-Folien zu präsentieren, in besonderer Weise zuträglich. Dieses Erlernen narrativer Kompetenz erwies sich über die Zeit betrachtet als eine der größten Erfolgsstorys im Unternehmen.

Dadurch, dass Fähigkeiten, die sich in Veränderungsprozessen als nützlich erwiesen (Change-Kompetenzen), schrittweise erworben und sie wiederholt auf die eigene Situation angewendet wurden – den eigenen Bereich und die im eigenen Bereich angestoßenen Teaminitiativen – konnte ein Um-Denken und Um-Handeln mit Blick auf das Thema Change eingeübt werden. Change-Kompetenzen umfassen den Umgang mit sich selbst, d.h. eine gestärkte Fähigkeit zur Selbstreflexion, eine positive Haltung gegenüber Veränderung sowie eine Zielorientierung. Im Umgang mit anderen zählen klare Kommunikation und die Fähigkeit, angemessen auf die Bedürfnisse der Mitarbeitenden einzugehen sowie die gewonnenen Erkenntnisse über die Veränderungsnotwendigkeit sinnvoll zu vermitteln, zu den wichtigsten Elementen. Somit verlor Change in unserem zweiten Fallbeispiel nach und nach den Status einer Black Box, von der niemand so genau wusste, was in ihr drin oder was mit ihr anzufangen war. Das vermittelte Handwerkszeug wurde mehr und mehr zum ständigen Begleiter auf dem Weg in Richtung Wandel. Insbesondere die Heldenreise entwickelte sich zu einem gebräuchlichen Diagnose- und Inszenierungsmittel und diente als Metapher, die half, auch in schwierigen Phasen das »big picture« der gerade erst begonnenen Reise nicht aus den Augen zu verlieren.

Ein weiteres entscheidendes Element in der Change-Architektur waren Coachings zwischen den drei Trainingsmodulen. Sie wurden allen Teilnehmenden angeboten und hatten das Ziel, agil durch den Change zu führen und den Wandel im eigenen Bereich aktiv zu gestalten. Dabei konnten in einem geschützten Rahmen auch innere Hürden gegen den für viele noch neuen Prozess in Richtung Veränderung thematisiert werden. Denn was man gerade in einem so umfangreichen Change-Vorhaben schnell übersieht – eben weil es so offensichtlich scheint wie der Wald, der vor lauter Bäumen nicht mehr gesehen wird, – ist, dass Veränderung im Unternehmen neben den strukturellen Veränderungen auch Veränderung für jeden Einzelnen und jede Einzelne bedeutet. Denn Change heißt letztlich, gemeinsame neue Routinen zu entwickeln. Und so ist es ein unerlässlicher Bestandteil eines jeden Change-Prozesses, stetig eine Umfokussierung auf das große Ganze der neu zu entdeckenden Wirklichkeit einzuüben, die nur entsteht, wenn alle an ihr mitwirken.

2.2 Geschichten über Veränderung (»Change Stories«)

Nachdem ich in Teil I den Kontext systemischer Change-Begleitung dargestellt habe, geht es nun in Teil II darum, wie wir insbesondere mit narrativen Konzepten und der Heldenreise-Methodik systemisch arbeiten. Entsprechend werfe ich einen Blick auf die Arbeit mit dem Konzept der Heldenreise und erkläre, warum Change-Prozesse davon profitieren, wenn sie als in Inszenierungen und Rituale eingebunden verstanden werden. Zunächst einmal soll es aber um das bereits an vielen Stellen ausführlich behandelte Verhältnis von Geschichten und Change gehen (siehe insbesondere Chlopczyk, 2017).

»Nichts ist mächtiger als eine Idee, deren Zeit gekommen ist« (Victor Hugo). Wenn man sich die Bedeutung von Geschichten in Organisationen anschaut, müsste man diesen Satz erweitern und darauf verweisen, dass eine gute Geschichte immer in eine gute Geschichte eingebunden ist. Mindestens lässt sich sagen, dass die Arbeit mit Geschichten im organisationalen Kontext eine Idee ist, deren Zeit gekommen ist (Chlopczyk, 2017). Bis zu diesem Zeitpunkt habe ich Geschichten bzw. das, was Geschichten ausmacht, immer schon mitgedacht in der Beschreibung unseres Ansatzes systemischer Change-Begleitung. Sie spielen z. B. immer eine Rolle, wenn es um Emotionen geht, wenn es darum geht, geeignete Dramaturgien (Roadmaps) zu entwerfen, oder wenn es bei Impact-Methoden um die Frage geht, was Menschen mit bestimmten Gegenständen verbinden.

Gerade bei Restrukturierungen, bei denen mehrere Bereiche involviert sind, ist es nützlich, eine gemeinsame Storyline oder Geschichtsabfolge zu entwickeln. Als Berater haben wir dafür Leitfragen, die wir mit den Beteiligten gemeinsam erarbeiten.

- Was ist der Grund für die anstehende Veränderung? Oft sind dies Faktoren aus dem Markt oder äußere Umstände.
- Wer ist von der Veränderung betroffen? Hier grenzen wir die Zielgruppe ein: Für welche Gruppe von Mitarbeitenden ändert sich wie viel? Einige Mitarbeitende bekommen gegebenenfalls eine andere Abteilungsbezeichnung, aber ihre Arbeit bleibt die gleiche, für andere ändern sich die Aufgabe und die Rolle.
- Wie sieht die Vision für die Organisation aus? Wie wird der zu erstrebende Zustand beschrieben? Alle Führungskräfte, die in

Kommunikationsveranstaltungen infomieren, sollten hierzu die gleiche Story/Geschichte erzählen, um den Interpretationsspielraum einzuschränken und die Gerüchteküche möglichst klein zu halten.
- Welche Möglichkeiten ergeben sich durch die Veränderung? Welche Chance(n) beinhaltet die Veränderung? Hier werden die positiven Seiten der Veränderung beschrieben, um für die Unterstützung des Vorhabens zu werben.
- Welche Einladungen werden ausgesprochen? Hier ist exakt zu definieren, welche Bereiche mitgestaltet werden können und was gesetzt bzw. bereits entschieden ist.

Es geht nun darum, die Rolle von Geschichten in Change-Prozessen noch genauer zu umreißen und dabei zu erklären, was es in unseren Augen bedeutet, *systemisch* mit Geschichten zu arbeiten.

Geschichten werden immer mehr zur Methode, sich verschiedene Themen zu erschließen: »Gesellschaften organisieren und vermitteln einen Großteil ihrer Erfolge in Form von Geschichten« (Geißlinger u. Raab, 2007, S. 129). Im hypnotherapeutischen Kontext hat Milton Erickson viel dazu beigetragen, die heilende Kraft, die in Geschichten steckt, aufzuzeigen (Trenkle, 2012). Auch in anderen Settings wird verstärkt versucht, das Potenzial von Geschichten anzuzapfen. Doch nicht alles, was gut gemeint ist, ist auch gut gemacht. Für eine gute Arbeit mit Geschichten reicht es nicht aus, das Handwerk des Storytelling zu beherrschen. Man muss sich eben auch mit Organisationen auskennen. Eine formal gute Geschichte ohne Anbindung an das reale Geschehen in der Organisation und die dort herrschenden Strukturen bleibt in Change-Prozessen kraftlos.

Um die Geschichten zu finden oder zu entwerfen, »die einen Unterschied machen«, nutzen wir als systemische Beraterinnen die gründliche Vorarbeit unserer narrativen Interventionen. In einer ersten Interviewphase mit den relevanten Stakeholdern verschaffen wir uns ein Bild der narrativen Landkarte der Organisation (White, 2010). In einem persönlichen Austausch erarbeiten wir mit den Mitgliedern der Organisationen, welche Bilder und Metaphern über das Funktionieren der eigenen Organisation vorherrschen. Gemeinsam thematisieren wir, welche Vorstellungen über Veränderung dominant sind. Geschichten sind zum Teil tief im organisationalen Gedächtnis verankert. Entsprechend wirkmächtig sind sie – aber eben oft unbewusst, weil sie zum selbstverständlichen Hintergrund organisationaler Wirklichkeit geworden sind. Der Fisch bemerkt nicht das Wasser, in dem er schwimmt. Doch gerade in Change-Prozessen geht es oft darum, in neue Ozeane zu schwimmen, um im Bild zu bleiben. Firmen wie Nokia oder Kodak glaubten zu lange an die Geschichten, die sie sich selbst von ihrem Erfolg erzählt hatten. Für die Fortsetzung ihres Erfolges hätte es einer Neuschreibung ihrer Geschichte bedurft.

In unserem Ansatz ist systemisch arbeiten eigentlich immer gleichbedeutend mit dem Arbeiten an Geschichten, da ein großer Teil unserer Wirklichkeitskonstruktion über Geschichten geschieht (Chlopczyk, 2017, S. 27 f.). Als Systemikerinnen schauen wir uns an, wie Systeme und die sie konstituierenden Personen Wirklichkeit konstruieren. Das heißt, wir schauen uns an, was und *wie* sie erzählen. »Während wissenschaftliches Erklären danach strebt, den Einzelfall unter ein allgemeines Gesetz zu subsumieren, also in seiner Besonderheit zum Verschwinden zu bringen, lebt das Erzählen von der Evidenz des Einzigartigen«, so Geißlinger (2017, S. 9). Dieses »Einzigartige« ist der beste Zugang für die den außenstehenden Beobachtenden nur indirekt zugängliche »Wirklichkeit« einer Organisation. Dabei muss natürlich unterstrichen werden, dass Erzählungen wiederum nur Konstruktionen sind, was jedoch die Voraussetzung dafür ist, dass wir sie auch anders konstruieren, also neu oder anders erzählen können.

Das Wort »konstruieren« macht schon deutlich, dass gute Geschichten etwas mit der richtigen Bauweise zu tun haben. Und wenn Beraterinnen zu Architektinnen von Change-Prozessen werden, dann sind Baumaterialien, die sie dabei einsetzen, sicherlich Bilder, Metaphern und Geschichten. Auch das Handwerk des Erzählens will gelernt sein. Ganz grundsätzlich geht es dabei um für die Organisation stimmige Bilder, die gemeinsam mit den Mitarbeitenden im Rahmen von Workshops erarbeitet werden. Bilder oder Geschichten in Organisationen sind dann stimmig, wenn sie sich an die Bilder anlehnen, die eine Organisation über sich hat und oder die in der Organisation vorherrschen. In Automobilfirmen werden häufig die »PS auf die Straße« gebracht, Dinge laufen »aus der Bahn«, es wird nach »Leitplanken« für ein Projekt gesucht. Bei einem Integrationsprojekt haben wir den zentralen Begriff der Marke »being dedicated« als Ausgangspunkt der Veränderungsgeschichte genommen und so den zentralen Begriff genutzt, mit dem die Organisation von Kunden und von Mitarbeitenden beschrieben wird, um einen Kulturveränderungsprozess zu initiieren. Das gelang vor allem dadurch, dass wir diesen Kern, auf den sich alle einigen konnten, nicht verändert haben und ihn als Ausgangspunkt zur Erarbeitung einer neuen Geschichte gewählt haben.

Die Berater versuchen als »Realitätenkellner« (Gunther Schmidt) etwa, der Organisation zukunfts- und lösungsorientiertere Bilder als die bisherigen anzubieten – oder sie versuchen, Alternativen zu der immer noch verbreiteten Maschinenmetapher der Organisation aufzuzeigen (Morgan, 1986). Doch wir verstehen Storytelling auch als eine erlernbare Kompetenz zweiter Ordnung, die essenziell ist, um den Herausforderungen von Change-Vorhaben wirksam zu begegnen. Was ich mit »zweiter Ordnung« meine, wird deutlich, wenn wir einen Blick auf unser Vorgehen in der oben geschilderten Fallgeschichte werfen. Was ich dort zu zeigen versucht habe, ist, wie es uns darum ging, eine Organisation in Bezug auf ihre Fähigkeit im Umgang mit Change-Prozessen weiterzuentwickeln.

Dies ist eine oft unterschätzte Komponente, wenn es um die Bewertung der Wirksamkeit von Change-Projekten geht. Es handelt sich dabei, wie schon erwähnt, nicht nur um die Befähigung, mit einem anstehenden Wandel besser umzugehen (Change-Kompetenz erster Ordnung), sondern auch darum, die Mitarbeitenden für den Umgang mit der nächsten Veränderung zu befähigen (Change-Kompetenz zweiter Ordnung). Und was in diesem Zusammenhang wichtiger ist als die Vermittlung von Workshop-Formaten oder das Wissen über unterschiedliche Change-Kurven, ist die Kompetenz, mit Geschichten zu arbeiten. Viele Manager neigen dazu, eine anstehende Veränderung mit Zahlen zu untermauern. Das mag für ein Vorstandsgremium eine gute Sache sein. Für einen Veränderungsprozess oder die Kommunikation an die Mitarbeitenden ist es aber wenig bis gar nicht geeignet. Sieben Prozent Wachstum im nächsten Jahr – das ist eben keine Geschichte. Die Kunst ist es, mit den Beteiligten aus den Spiegelstrichsätzen und Zahlen einer Vorstandsvorlage eine emotionale, gehaltvolle Geschichte zu machen. Wie oben beschrieben haben wir hierfür Leitfragen, anhand derer wir gemeinsam mit den Auftraggebern oder Projektbeteiligten die Geschichte entwickeln. Das ist häufig ein iterativer Prozess. Es wird erprobt, neu gefeilt, umgeschrieben. Am Ende muss es auch zu den Persönlichkeiten derer passen, die die Geschichte dann erzählen, und zu denen, die sie hören und weitererzählen sollen.

Es ist also zum einen entscheidend, eine eingängige und passende Geschichte zu entwickeln, die Mitarbeitende sowohl auf kognitiver als auch auf emotionaler Ebene erreicht und sich zum anderen gleichzeitig in konkrete Verhaltensweisen umsetzen lässt. Es muss also ein Verständnis darüber entstehen, was Veränderung in dem jeweiligen Kontext bedeutet, während gleichzeitig genügend Raum für eine emotionale Verarbeitung und ein sich Einstellen auf die Veränderung gewährleistet ist. Wir sprechen hier gerne von dem Dreiklang von hearts, minds und hands. Veränderung muss verstanden werden (mind), sie muss gewollt und angenommen werden (heart) und es sollte erste Handreichungen geben, wie vorzugehen ist (hand). Dieser Dreiklang erweist sich oft als nützliche Unterscheidung der verschiedenen Ebenen.

Des Weiteren ist die authentische Kommunikation der Change Story sowie ein Gespür für den organisationalen Kontext von großer Bedeutung. So spielt etwa eine entscheidende Rolle, zu welchem Zeitpunkt und in welcher Form mit welchen Mitgliedern der Organisation kommuniziert wird. Change Stories beeinflussen wesentlich, wie Menschen mit dem Phänomen der Veränderung umgehen. Michael Müller betont zu Recht den engen Zusammenhang von Geschichten und Veränderung: »In Geschichten geht es immer um Veränderungen – deshalb sind sie auch so praktisch für Beratungs- und Coachingdialoge, bei denen es ja per se um Veränderung geht« (Müller, 2017, S. 27). Wer gelernt hat, mit Geschichten zu arbeiten, hat meist schon viel vom Thema Veränderung verstanden.

Wir können nicht zweimal in denselben Fluss steigen (Heraklit). Geschichten schaffen Stabilität, gerade weil sie die immerzu stattfindende Veränderung in eine für uns bewältigbare Form zu bringen scheinen (Chlopczyk, 2017). Entsprechend sensibel müssen wir in der Arbeit mit Change Stories vorgehen, da sie einer Veränderung der uns Halt gebenden Narrative gleichkommt. Wenn wir bisher geglaubt haben, dass die Organisation in einer gewissen Weise ticke, werden wir durch die Change Story mit der Möglichkeit eines Anders- oder Neu-Tickens konfrontiert. Die Zukunft ist offen. Das ist für Organisationen, die immer in der einen oder anderen Weise auf die Absorption von Unsicherheit abzielen (siehe auch Kapitel *1.5*

Organisationen), ein kritischer Moment. Karl Weick (1995) verwendet den Begriff des »Sensemakings« zur Beschreibung von Prozessen der Sinnstiftung in Situationen, in denen der bis dahin etablierte Sinn problematisch geworden ist – wie dies etwa in Change-Prozessen der Fall ist.

Weick versteht unter Sensemaking einen sehr aktiven Prozess, in dem es immer darum geht, eine Zukunft zu gestalten. Dies erscheint mir auch für die Arbeit mit Geschichten wesentlich. Sensemaking darf auf keinen Fall mit einem Akt bloßer Interpretation verwechselt werden: »The key distinction is that sensemaking is about the ways people generate what they interpret. […] Sensemaking […] is less about discovery than it is about invention« (Weick, 1995, S. 13). Geschichten stiften Sinn auch immer für eine Zukunft, die noch im Ungewissen liegt. Die Sinndimension wird auch in den Programmen zu einer der zentralen Dimensionen. Mitarbeitende wollen den Sinn dessen sehen, was sie tun bzw. tun sollen. Das ist ein zentrales Ergebnis von Pulschecks und anderen Formen der Mitarbeiterbefragung. Grundsätzlich sind Ziele und Sinn zu differenzieren. Ziele können gesetzt werden, Sinn muss sich den Beteiligten selbst erschließen. Und hier kommen die Geschichten wieder ins Spiel: Der Sinn einer neuen Struktur, einer neuen Arbeitsweise lässt sich über eine Geschichte der Zukunft des Unternehmens verdeutlichen. Dies offenbart sich besonders in Change-Prozessen. Was der Blick auf Weicks Sensemaking noch einmal deutlich macht, ist, dass es immer darum geht, was für die Zukunft handlungsleitend werden kann. Die Arbeit an Geschichten wird damit gleichbedeutend mit der Arbeit an der Zukunft der Organisation.

Deshalb greifen wir in der Arbeit mit Change Stories auch auf die gleichen Prinzipien zurück, die ich schon in Bezug auf den Umgang mit Emotionen als wesentlich herausgestellt habe. Menschen lassen sich eher durch ein positives als durch ein als bedrohlich empfundenes Zukunftsbild leiten (vgl. auch Gergs, 2016). Wie funktionieren Geschichten (siehe auch nächstes Kapitel *2.3 Heldenreise*)? Selten geht es darum, wie ein Protagonist vom Regen in die Traufe kommt (obwohl es auch das – meist eher im Programmkino – gibt). Meistens deutet sich am Horizont durch ein paar Sonnenstrahlen wenn schon nicht das gelobte Land, dann doch zumindest ein besseres Leben an, auch wenn dies in Bezug auf Organisationen manchmal *nur* das Bestehen der aktuellen Krise bedeutet. Und auch mit Blick auf die Vergangenheit tun wir gut daran, den zu verlassenden Kontext nicht negativ zu konnotieren, da es erwiesenermaßen schwer ist, negativ konnotierte Kontexte zu verlassen. Um einen Kontext verlassen zu können, ist es nützlich, diesen wertzuschätzen. Wenn die Zeit vor dem Change abgewertet wird, bleibt man ihr verbunden, weil man sich nicht gesehen oder ungerecht behandelt fühlt. Hat man doch zu der Zeit auch sein Bestes gegeben. Viele machen den Fehler, das Alte zu verdammen, wenn sie etwas Neues einführen. Doch nur durch Würdigung des Alten kann man sich dem Neuen positiv zuwenden.

Der Tradition guten Denkens und Handwerks folgend geht es um das Kreieren guter Geschichten, die eine Ressourcenorientierung innerhalb der Organisation ermöglichen. Dabei ist wichtig, dass wir immer zunächst mit Geschichten arbeiten, die in der Organisation bereits vorhanden sind. Man kann keine Geschichten von außen in eine Organisation einpflanzen, wie dies manche Change-Beratungen suggerieren. Wir beginnen dagegen mit dem »Golden Circle« von Sinek (2011b) und den Fragen »Warum?«, »Wie?« und »Was?«: »Warum verändern wir uns?«, »Wie verändern wir uns?« und »Was verändern wir?« (vgl. Abbildung 6).

Bei der Frage »Warum?« geht es um die größeren Zusammenhänge, die Hintergründe, wenn man so will. Auch nicht zu unterschätzen ist dabei die Frage nach den Sinnbezügen der Organisation. Man

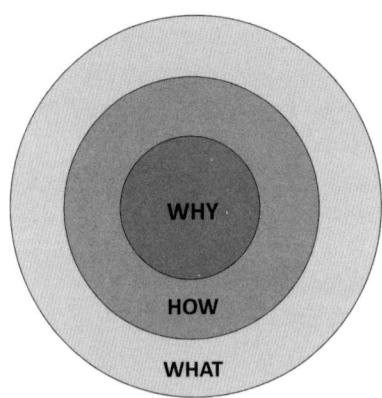

Abbildung 6: Der Golden Circle (nach Sinek, 2011b)

muss nicht Nietzsche bemühen (»Hat man sein Warum […], so erträgt man sich fast mit jedem Wie«), um zu verstehen, dass es wesentlich ist, Warum-Fragen vor den Wie-Fragen zu klären. Man kann davon ausgehen, dass das Scheitern der meisten Change-Vorhaben genau mit diesen Hintergründen zu tun hat. Oft ist ein Warum rational verstanden worden, aber noch weit davon entfernt, in den Herzen der Menschen angekommen zu sein. Oder was passiert, wenn ein Warum der weiterhin wirksamen Logik der Organisation entgegensteht, z. B. wenn Gewinnziele eingehalten werden müssen, die eigentlich im Widerspruch zum Inhalt des Change-Anliegens stehen (weil für einen gelingenden Change große Ausgaben vonnöten wären)? Das ist es, was ich mit der Beschäftigung mit dem Warum meine: eine Beschäftigung, die nicht die Widersprüche und Spannungen trivialisiert, denn das hätte unweigerlich Konsequenzen. Das bedeutet oft harte Arbeit mit dem Top-Management – ohne die geht es aber nicht. Es geht um ein Ringen mit dem Warum, da es nicht damit getan ist, auf der Analyse- und Entscheidungsebene zu bleiben (die oft zu einseitig im Fokus klassischer Beratungsunternehmen steht).

Hat man dies jedoch in ausreichender Tiefe getan, so ergeben sich Roadmap, Plan etc. oft wie von selbst. Gleichers Change-Formel, dass »dissatisfaction x vision x first steps > resistance to change« sein muss, sollte man dabei stets im Hinterkopf behalten (vgl. Beckhard, 1975). Denn selbst, wenn sich Unzufriedenheit (»dissatisfaction«) mit einer geeigneten Vision paart, geht es immer noch um die Frage, welche ersten Schritte (»first steps«) dem Warum Ausdruck verleihen können. Dabei kommt dem Erwartungsmanagement ganz besondere Bedeutung zu – etwa in Bezug auf die Frage, wann wer von welchen Maßnahmen informiert wird. Meist dauert es den Mitarbeitenden zu lange, bis sie Informationen erhalten. Deshalb ist stets zu berücksichtigen, dass Menschen wissen wollen, wie es weitergeht. Teil der Frage »Wie?« ist also auch, wie die Veränderung kommuniziert wird.

Das führt uns zu den nächsten beiden Fragen: In Bezug auf das Was (und Wer) des Change – den »Scope« – ist dann vor allem zu Realismus zu raten. Selbst wenn sich nur zwei Rollen ändern, kann das für eine Organisation enorme Auswirkungen haben, und sowohl Unter- wie Übertreiben in Bezug auf den Change-Umfang führt spätestens dann zu Problemen, wenn das wahre Ausmaß offenbar wird. Mit »Ausmaß« kann auch gemeint sein, dass etwa eine notwendige Mindset-Veränderung in einer angemessenen Weise berücksichtigt wird. Denn auch, wenn sich in einer Aufbauorganisation für viele formal *nichts* ändert, kann die notwendige Verhaltensänderung erheblich sein, und das gilt es bei der Frage nach dem Was und Wer einzubeziehen. Ich habe einmal genau das in einem Change-Projekt erlebt: Den Mitarbeitenden wurde vorab mitgeteilt, dass sich »nichts« ändern würde (in Bezug auf die Aufbauorganisation) – dann jedoch war auch die Verwunderung groß, dass wirklich »nichts« voranging in Bezug auf die Haltung und die unterschiedliche Rollenauslegung. Die Was-Frage muss also genau beantwortet werden, sonst erreicht man auch nicht genau die Resultate, die man erzielen möchte.

Auf Basis der oben geschilderten Fragen lässt sich zusammen mit den für den jeweiligen Change-Prozess relevanten Stakeholdern ein erster Entwurf einer Change Story entwickeln. Dabei ist wesentlich, dass die Story bei den am Prozess Beteiligten auf Resonanz stößt (vgl. Rosa, 2016). Change Stories können dabei jedoch nicht monolithisch verstanden werden, sondern entstehen in einem Prozess vieler Rückkoppelungen mit dem System (siehe auch Kapitel *1.7 Roadmaps*). Schließlich müssen sich Change Stories einfügen in die bisherige narrative Landkarte der Organisation.

Wandel gelingt, wenn eine überzeugende Geschichte der neuen Organisation erzählt wird. Soll das Thema Agilität beispielsweise Teil der neuen Erzählung der Organisation werden, so ist es hilfreich, in der Change Story auf ein Beispiel zu verweisen, in dem Agilität schon einmal in der Organisation gelebt wurde – etwa bei einer vielleicht länger zurückliegenden Entwicklung eines neuen Produkts. Wenn sich keine anschlussfähigen Geschichten mit dem Thema Agilität finden lassen, kann das ein Anlass sein, neu nachzudenken. Vielleicht ist es ja gar nicht Agilität, um die es beim Wandel im Kern gehen soll, sondern etwas profaner einfach Effizienz – für die sich dann viele Beispiele in den Geschichten der Organisation finden lassen. Bei Geschichten gilt es, sehr genau darauf zu achten, welche Begriffe und Ideen stimmig und zukunftsfähig sind. Der Change-Prozess kann sonst nicht von der Kraft, die in Geschichten liegen kann, profitieren. Und manchmal bekommt man das Gefühl, dass es besser ist, gar keine Geschichte zu erzählen als eine schlechte (etwa eine mit unstimmigen Bildern). Wie es gelingt, dynamischere Bilder für Veränderung zu finden, soll Thema des nächsten Kapitels zur Heldenreisen-Methodik sein.

2.3 Heldenreise

In der zweiten Fallgeschichte haben wir intensiv mit der Heldenreise gearbeitet. Hier geht es nun darum, darzustellen, wie wir diese Methode in der Fallgeschichte eingesetzt haben und wie die Methode dazu geeignet ist, einen Unterschied zu machen. Das Wesen von Geschichten ist Veränderung. Die Heldenreise-Methodik bringt diesen Wandel nun sozusagen auf den Punkt. Sie stellt ein Muster dar, welches über alle Kulturen hinweg eine hohe Anschlussfähigkeit besitzt. In der Formulierung von Fritz Simon gehören Mythen und Geschichten zu »den wichtigsten Schemata, die unsere Wirklichkeitskonstruktionen leiten«, und damit bilden sie und insbesondere Heldenmythen »ein unbewusstes Muster, das offenbar für Menschen weltweit affektiv wie kognitiv verständlich und einfühlbar ist« (Simon, 2004, S. 265 ff.).

Der maßgebliche Forscher in diesem Bereich ist Joseph Campbell, der sich in seinem Werk »Der Heros in tausend Gestalten« (Campbell, 1999) auf die Suche nach dem »Monomythos« begibt, welcher als Grundlage und Destillat aller mythischen Traditionen weltweit angesehen werden kann. Wollte man davon sprechen, dass es eine universelle Geschichte von Wandel und Transformation gäbe, so käme wohl nichts einem solchen Muster näher als Campbells Darstellung der Heldenreise (Abbildung 7).

Campbells Werk wurde gleichsam für das Kino adaptiert in Christopher Voglers »Die Odyssee des Drehbuchschreibers: Über die mythologischen Grundmuster des amerikanischen Erfolgskinos« (1997), in dem es zum einen darum geht, wie erfolgreiche Kinofilme sich der Heldenreise bedienen, und zum anderen darum, wie sich dies für die Produktion weiterer erfolgreicher Kinofilme nutzen ließe, was bereits George Lucas durch die Star-Wars-Trilogie gelungen war.

Ich bin durch meine Begeisterung fürs Kino früh auf die Thematik der Heldenreise aufmerksam geworden. Nachdem ich bei Bernhard

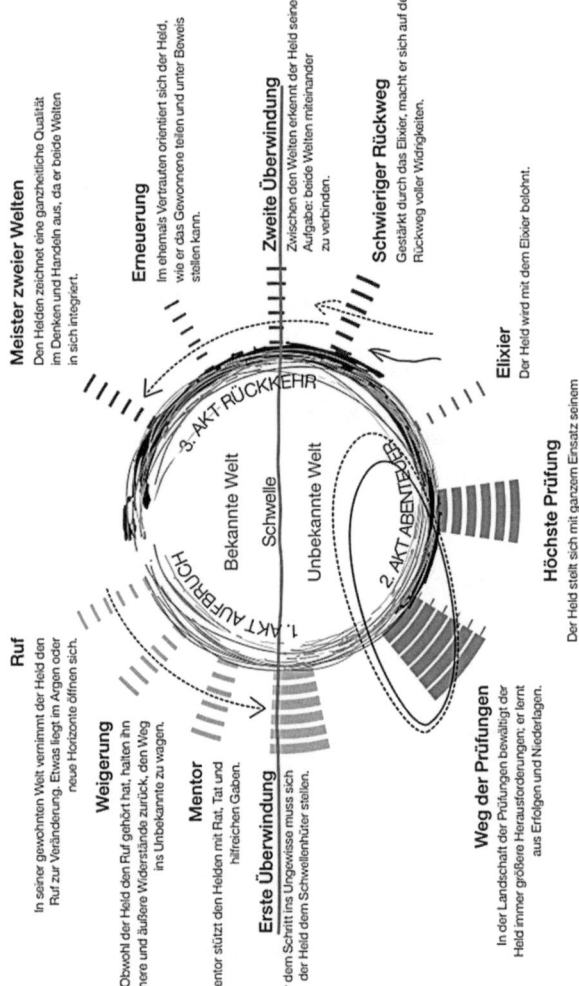

Abbildung 7: Campbells Darstellung der Heldenreise (nach Campbell, 1999)

Trenkle ein Seminar zum Thema »What therapists can learn from script writers« besucht hatte, wurde mir klar, dass Change-Beraterinnen mindestens genauso viel von Drehbuchschreibern zu lernen haben, und ich entwickelte auf dieser Grundlage eine Seminarreihe: »What change consultants can learn from script writers«. Mittlerweile hat die Arbeit mit der Heldenreise eine weitaus größere Verbreitung gefunden und wird oft in Verbindung mit Ansätzen zum Storytelling eingesetzt (vgl. Müller, 2017). In diesem Kontext ist es mir wichtig, herauszustreichen, wie fundamental die in der Heldenreise behandelten Themen für Change-Prozesse sind. Dies ist für das Verständnis wesentlich. Es geht bei der Arbeit mit der Heldenreise nicht nur um die Erzählebene, d. h. *wie* wir von Change sprechen, sondern ganz grundsätzlich um die Inhaltsebene, d. h. *was* im Change geschieht. Leben ist Veränderung. Und die Fragen, mit denen sich die Heldenreise beschäftigt (z. B. in Bezug auf Grenzen, Schwellen und Übergänge), sind entscheidend für die Fragen, die uns als Change-Begleiter leiten, etwa »Wie inszenieren wir einen Change-Prozess?«, »Wie gestalten wir eine Change-Architektur?« oder auch »Wohin soll die ›Reise‹ überhaupt gehen?«. Nur wenn die Arbeit mit der Heldenreise als Arbeit an den Grundlagen des Change-Prozesses verstanden wird, kann wirklich ihr volles Potenzial ausgeschöpft werden.

Nach dieser Vorrede wollen wir uns nun der Frage widmen, worin das Muster der Heldenreise eigentlich genau besteht und wie es sich am wirkungsvollsten in Change-Prozessen nutzen lässt. In der Fallgeschichte haben wir die Methodik eingesetzt, um Führungskräfte auf die Suche nach ihrer eigenen Heldenreise in einem Change-Projekt zu schicken. Im Rahmen der bereits beschriebenen Change-Kompetenzen lässt sich die Methode der Heldenreise dem »Umgang mit mir selbst« zuordnen. Ziel war es, jedem die Möglichkeit zu geben, seine eigene Reise zu illustrieren und somit neu erfahrbar zu machen.

Ausgangslage des »Helden« ist dabei immer die vertraute Welt. Wobei »Held« natürlich in Anführungszeichen gesetzt werden muss, da Helden, wie wir wissen, nicht geboren werden, sondern gemacht werden bzw. sich selbst zu Helden machen müssen. Man könnte auch von den Entwicklungsschritten eines Protagonisten reden. Als Change-Beraterinnen tun wir alles, um so verstandene Heldenreisen wahrscheinlicher zu machen. Dies wird deutlich, wenn wir uns das zweite Stadium der Heldenreise anschauen: Das Verlassen der vertrauten Welt infolge eines *Rufes* (»call to adventure«). Durch den Ruf kommt das Zukünftige in Kontakt mit der Gegenwart, wird die Möglichkeit oder Notwendigkeit von Wandel für den Einzelnen oder die Organisation erfahrbar.

Ein klassisches filmisches Beispiel ist hier die ursprüngliche Star-Wars-Trilogie, in der es unter anderem um den an Luke Skywalker gehenden Ruf geht, Prinzessin Leia und die Galaxie zu retten. In Bezug auf Change-Prozesse in Unternehmen warne ich jedoch davor – trotz der sehr unterhaltsamen Heldenreisen-Vorlagen aus Hollywood – bei »Ruf« immer gleich an das große Ganze (»Rettung der Galaxie«) zu denken. Wie ich schon mit Blick auf die Arten des Change ausgeführt habe, sind die Anlässe für Change vielfältig und Entwicklungsgeschichten auch möglich, wenn es etwa darum geht, etwas, das gut läuft, weiter zu verbessern. Entgegen der weit verbreiteten Auffassung ist die größtmögliche Bedrohung (oft wird in diesem Kontext auf die Notwendigkeit von Leidensdruck verwiesen) nicht die bestmögliche Voraussetzung für Change. Im Star-Wars-Bild gesprochen: Change-Prozesse sind auch möglich, lang bevor das Überleben der Galaxie auf dem Spiel steht.

Wichtig ist, frühzeitig daran zu arbeiten, was die einzelne Führungskraft zur Veränderung ruft bzw. rufen kann. In Workshops versuchen wir, die Change-Anliegen, die durch das System, d. h. die Organisation vorgegeben sind, auf einzelne Mitarbeitende herunterzubrechen. Das tun wir, indem wir diese anleiten, aus den Rufen, die sich in der Organisation im Umlauf befinden, die für ihn relevantesten und zum Handeln anleitenden zu destillieren. So kann es beispielsweise den Ruf der Organisation geben, die EBIT-Marge um 5 Prozent zu erhöhen. Für die einzelne Führungskraft kann das (in der Übersetzung) heißen, die Kommunikation in der Abteilung zu verbessern, um bei ins Stocken geratenen Projekten schneller voranzukommen. Damit ist bereits ein großer Schritt getan, um auch die nächste Phase der Heldenreise zu meistern, die es zwangsläufig zu durchlaufen, aber auch hinter sich zu lassen gilt – die *Verweigerung*.

Luke Skywalker fühlt sich Onkel und Farm verpflichtet und kehrt deshalb zunächst nach Hause zurück. Wenn wir mit dem Ruf arbeiten, arbeiten wir auch mit den Stimmen, die diesem Ruf entgegenstehen. Mit Friedemann Schulz von Thun könnte man hier auch von einem inneren Team sprechen, welches es zu überzeugen gilt (Schulz von Thun, 1998). In der Praxis hat es sich als ergiebig erwiesen, hier mit Otto Scharmers drei Stimmen zu arbeiten: der Stimme des Urteilens, der Stimme des Zynismus und der Stimme der Angst. Die erste blockiert »ein Öffnen des intellektuellen Denkens«, die zweite »den Zugang zu einem Öffnen des Herzdenkens« und die dritte »den Zugang zu einer Öffnung des Willens« (Scharmer, 2009, S. 70 f.). Durch Arbeit mit diesen Ebenen und diesen »Stimmen« ist es möglich, ein sehr genaues Bild vom Status des Change-Anliegens in der Organisation zu erhalten und *produktiv* mit den verschiedenen Ebenen zu arbeiten.

Wichtig ist es, eben nicht über das Grundrauschen im informellen Raum (z. B. Witze, Anekdoten, Zynismen, »Mythen« etc.) hinwegzugehen, sondern sie als Ressourcen für den Change-Prozess zu nutzen. Es kann spekuliert werden, dass eine große Menge an Change-Vorhaben genau daran scheitert, dass das Stadium der Verweigerung übersprungen wird. Doch die genannten »Stimmen« kehren an späterer

Stelle zurück und können dann nicht so einfach aufgegriffen und genutzt werden wie noch in der frühen Phase des Change-Prozesses. Eine wichtige Rolle spielen dabei »Mentorenkräfte« – Begleiter und Unterstützer auf der Reise, die in Filmen oft von alten Magierfiguren und Weisen wie etwa Gandalf in »Herr der Ringe« oder Yoda in »Star Wars« verkörpert werden. Da nicht jede Organisation einen Gandalf oder Yoda hat, geht es darum, »Mentorenkräfte« möglichst weit zu verstehen – aber auch nicht notwendigerweise allein personenbezogen. Leitende Fragen sind: Was stützt den Prozess? Welche Ressourcen können aktiviert werden, um dem Change zum Gelingen zu verhelfen? Dazu können selbstverständlich externe Change-Beraterinnen gehören, aber natürlich auch Mitarbeitende aus anderen Unternehmensbereichen, die bereits ähnliche Change-Vorhaben erfolgreich umgesetzt haben, oder Führungskräfte, denen eine besondere Change-Kompetenz zugeschrieben wird. (Als Tools bieten sich in diesem Kontext Stakeholder- und Interaction-Maps an.)

Eine solche Arbeit an den Mentorenkräften bereitet darauf vor, die *Schwelle* zur eigentlichen Veränderung zu überschreiten. Dies ist der Punkt, nach dem es kein Zurück mehr gibt. Als Abteilung oder Unternehmen ist es danach praktisch unmöglich, in den alten Zustand zurückzukehren. Sind bei Integrationen die Banner am eigenen Werkstor erst einmal eingerollt, wird klar, dass nun wirklich ein neuer Abschnitt begonnen hat. In Filmen wird dies oft als Eintreten in den Wald gezeigt. In der klassischen Lehre von der Handlung nach Aristoteles ist nun der erste Wendepunkt passiert und damit der Weg in Richtung Höhepunkt der Geschichte geöffnet (vgl. Abbildung 8).

Dies kann der Zeitpunkt für Übergangsriten sein (vgl. Lévi-Strauss, 1995). In Workshops könnte man beispielsweise die Teilnehmenden einladen, sich darüber Gedanken zu machen, ob es eine Möglichkeit gibt, den Beginn dieses neuen Kapitels in der Geschichte der Organisation symbolisch zu begehen.

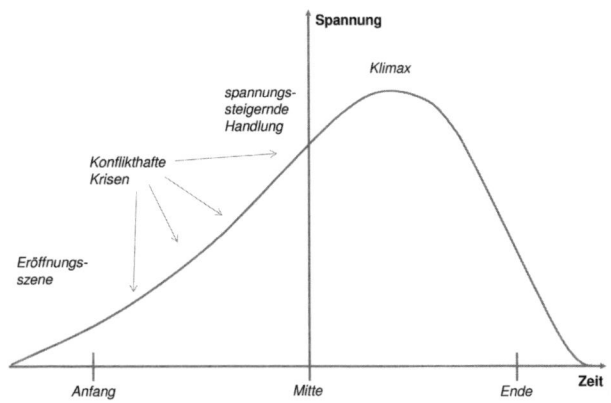

Abbildung 8: Aristoteles' Handlungskurve

Ersten *Bewährungsproben* (der nächsten Station der Heldenreise) folgt dann der Moment des *Let go*, den ich etwas anders fasse als dies in vielen Darstellungen üblich ist (für ausführlichere Darstellungen siehe Trobisch, 2012; Höcker, 2011). Was oft als *höchste Prüfung* gefasst wird, ist unseren Erfahrungen nach besser als ein Moment des Loslassens (»Let go«) charakterisiert, da dies der fundamentale Akt ist, durch den das Neue überhaupt in die Welt kommen kann. »Durch das Lassen ist alles gemacht«, sagt schon Meister Eckhart. In Bezug auf Change-Prozesse lässt es sich vielleicht am besten so ausdrücken: In dem Moment, in dem die Energie nicht mehr durch das Alte gebunden ist, wird eine enorme Kraft frei, um sich auf die »Reise« in veränderte Umwelten zu machen. Wem der Begriff des Loslassens zu esoterisch anmutet, kann also auch mit dem Begriff des Freigebens arbeiten. Haben wir im Change-Vorhaben ein wirkliches *Let go* erreicht, ist eigentlich die wichtigste Voraussetzung erfüllt, um die Veränderung auch zum Erfolg zu führen.

Dabei darf jedoch nach unseren Erfahrungen nicht übersehen werden, dass sich die unterschiedlichen Phasen der Heldenreise auch sehr individuell Ausdruck verschaffen können. Deshalb ist es wiederum aus der systemischen Perspektive unerlässlich, sich nicht an die Heldenreise zu klammern wie an ein nicht hinterfragbares Tool. Dennoch ist hervorzuheben, dass sie in allen Kulturen funktioniert – schon deshalb, weil ihr Ursprung durch den »Monomythos« von Campbell ja das kulturelle Erbe der gesamten Menschheit ist.

2.4 Inszenierungen und Orte

Wenn all die in diesem Buch angesprochenen Themen bei der Gestaltung des Change beachtet werden, wird es möglich sein, nachhaltige Veränderungen in der Organisation zu bewirken. Wir von *Ute Clement Consulting* sprechen dann auch davon, dass die Inszenierung des Change gelungen ist bzw. dass die Inszenierung Voraussetzung dafür war, dass Veränderungen nachhaltig in der Organisation verankert werden konnten. Wer bis hierhin gelesen hat, wird sich darüber im Klaren sein, dass das, was wir unter gelungener Inszenierung verstehen, damit zu tun hat, wie wir Change »auf die Bühne bringen« und orchestrieren. Wie bereits an vielen Stellen deutlich wurde, ist das Produzieren schöner Bilder und aufwendiger Prospekte und Events für die Außendarstellung exakt *nicht* das, was wir meinen, wenn wir von nachhaltigem Change sprechen.

Dennoch ist in unseren Augen der Begriff der Inszenierung unabdingbar, wenn es darum geht, wie Veränderung menschlich möglich ist. Inszenierung heißt Veränderung so zu gestalten, dass sie sich in den täglichen Routinen abbildet. Der Mensch lässt sich nicht mit einem Computer vergleichen, auf dem für eine Veränderung nur eine andere Software laufen müsste. Systemisch Change zu begleiten bedeutet, den Menschen in all seinen für die Identität wesentlichen Dimensionen zu würdigen. Und dazu gehört z. B. auch die räumliche Dimension, der ebenso wie der »Sach-, Sozial- und Zeitdimension« (vgl. Wimmer, 2014) in Change-Prozessen besondere Aufmerksamkeit geschenkt werden muss. Zum Beispiel haben wir einmal erlebt, dass in einem Change-Projekt der Workshop zur Erarbeitung einer agileren, schnelleren und offeneren Arbeitsform (Stichwort: »open-mindedness«) in einem Raum mit wenig Licht, Wartesaalatmosphäre und an einem Ahorntisch in der Mitte stattfinden sollte, der jegliche physische Nähe der Teilnehmenden unmöglich gemacht hätte. Es bedarf keines Studiums der Theaterwissenschaften, um zu konstatieren, dass das für die geplante Inszenierung die falsche Bühne war.

Doch insbesondere eine stimmige Wahl von Orten kann für Change-Prozesse einen enormen Unterschied machen, weshalb wir darauf in den von uns begleiteten Change-Projekten besondere Aufmerksamkeit verwenden. Zum Beispiel kann gerade die Begegnung mit der Natur Menschen öffnen für das Goethe'sche »Stirb und werde!«, das in Veränderungsprozessen die Voraussetzung bildet, um sich einer neuen Zeit und einer neuen Zukunft mit neuem Elan zu widmen. Wie ich im Zusammenhang mit Impact-Methoden bereits angedeutet habe, ist diese Begegnung mit der Natur jedoch kein Selbstzweck, sondern immer in Bezug auf das voranzutreibende Change-Anliegen zu sehen. Wenn es darum geht, nach Jahren bekannter, ausgetretener Pfade neue Perspektiven zu gewinnen, kann dafür z. B. ein abgelegener Tagungsort mit Weitblick über die ihn umgebende Landschaft dienlich sein, um den Kopf frei zu kriegen.

Loris Malaguzzi spricht vom Raum als »drittem Pädagogen«, der bestimmte Lernerfahrungen erst möglich macht. Offsites erlauben außerdem das Sich-selbst-Kennenlernen in neuer Umgebung. In der Praxis hat sich immer wieder bestätigt, dass das Verlassen des vertrauten Settings sehr wichtig sein kann, um auch den vertrauten Fluss der Gedanken in neue Bahnen lenken zu können. Manchmal reicht es schon, vom täglichen Lärm abgeschnitten zu sein, um Fragen, die lange Zeit im Raum standen, überhaupt erst wieder zu hören und, wie es Scharmer ausdrückt (2009), einen Prozess des »Hineinspürens« zu beginnen, der dann zum Auftakt der Entwicklung einer neuen Zukunft wird. Klöster können z. B. manchmal diese Orte der Stille bieten. Überhaupt steckt in den kirchlichen Ritualen eine über zwei Jahrtausende verfeinerte Inszenierungskompetenz, die positiv genutzt werden kann. Deshalb macht es Sinn, sie als Quelle der Inspiration zu nutzen.

Unter anderen Umständen kann der Kontext eines Klosters unpassend sein. Zum Beispiel könnte es sein, dass ein Kloster den Aspekt der Dynamik und Geschwindigkeit nicht ausreichend betont, der in manchen Change-Projekten bewusst in den Vordergrund gerückt und transportiert werden soll. Dann doch lieber das urbane Designhotel mit der Möglichkeit eines abendlichen Ausflugs. Die zu erzählende Geschichte muss zum Ort passen und mit ihm eine Einheit bilden. Manchmal kann das Investment in besondere räumliche Gegebenheiten natürlich auch gerade fehl am Platze sein. Steht etwa just ein Sparprogramm an, bei dem Arbeitsplätze auf dem Spiel stehen, muss genau abgewogen werden, welche Ausgabe gerechtfertigt erscheint und was jeweils die Chancen und Risiken eines bestimmten Tagungsortes sind.

In vielen Programmen versuchen wir nicht nur im Wortsinn, die Menschen in Bewegung zu bringen, sei es bei einer Wanderung durch die herrlichen Pfälzer Weinberge, wo wir inmitten der Reben Stationen aufbauen, an denen bestimmte Fragen bearbeitet werden müssen. Oder im Hochgebirge, wo bei einer Wanderung erlebt werden kann, dass auch der Langsamste im Team mitgenommen werden sollte. Die Metapher der gemeinsamen Reise haben wir bei einem Workshop auf einem Rheinschiff inszeniert. Für solche Erlebnisse braucht man häufig keine Event Agentur, es reicht manchmal eine kleine Wanderung mit geleiteten Fragen, um einen Prozess und die Beteiligten in Bewegung zu bringen.

Das grundsätzliche Thema ist bei Inszenierungsfragen immer die Stimmigkeit von Inhalt und Form. Orte sind natürlich nur *eine* Dimension der Form. Viele andere habe ich in diesem Buch bereits besprochen (insbesondere auch im Zusammenhang mit den Impact-Methoden). Die Frage, die am Anfang jeder Inszenierung stehen sollte, lautet:»Wie können Lebensthemen so auf die Bühne gebracht werden, dass sie anschaulich werden und dass ihre Relevanz deutlich wird?« Diesbezüglich habe ich in diesem Buch einige Hinweise gegeben. Gleichzeitig müssen Inszenierungen intuitiv verständlich sein. Deshalb sollten Form und Inhalt gut aufeinander abgestimmt sein. Dies ist besonders in internationalen Change-Vorhaben von noch einmal gesteigerter Bedeutung. Denn auch Inszenierungen werden in unterschiedlichen kulturellen Kontexten unterschiedlich dechiffriert, weshalb wir dankbar sind, in unseren Change-Projekten auf unsere große internationale Erfahrung zurückgreifen zu können (vgl. Clement, 2011).

Eine Inszenierung kann sprichwörtlich Grenzen überwinden. Was ich in diesem Buch zeigen wollte, ist, welche Bedingungen erfüllt sein müssen, damit dies auch möglich wird.

2.5 Statt eines Ausblicks: Sieben alternative Regeln für Change

Natürlich ist unser Vorgehen nicht für alle Unternehmenskulturen gleichermaßen anschlussfähig; es ist nicht alternativlos. Es gibt zumindest sieben Stellschrauben, mit denen man Prozesse des organisationalen Wandels auch in eine ganz andere Richtung als von uns hier vorgeschlagen lenken kann. Diese sieben alternativen Praktiken sollen der Vollständigkeit halber am Ende dieses Buches stehen. Thema war bisher, darzustellen, wie wir Change-Prozesse in unserer Beratungspraxis in globalen Unternehmen nicht nur bewältigbar und gestaltbar, sondern im Idealfall auch zu einer Quelle von Freude, Inspiration und innerem Wachstum machen. Im Schlusskapitel soll es darum gehen, dass es vielleicht nicht nur »alternative facts«, sondern auch alternative Unternehmens- und Organisationsrealitäten gibt, auf die all das bisher Gesagte nicht zutrifft. Als Change-Berater sind wir darin geschult, Alternativen zu denken und aufzuzeigen. Deshalb möchten wir natürlich auch für diese alternative Wirklichkeit etwas anzubieten haben, weshalb ich den Leserinnen zum Ausklang – statt eines Ausblicks – diese sieben alternativen Handlungsvorschläge als Orientierungshilfe für alle Firmen und Beraterinnen an die Hand gebe, die gerade in entgegengesetzter Weise zur bislang beschriebenen vorgehen wollen oder die sieben Regeln zeigen, wie man es vermasseln kann.

1. Behandeln Sie alle gleich, unabhängig von ihrer Herkunft!
Ob indische, deutsche oder amerikanische Kolleginnen, letztlich stammen wir doch alle vom Homo Heidelbergensis ab. Deshalb macht es auch keinen Unterschied, dass wir uns in einer Jahrhunderte währenden kulturellen Entwicklung teils ganz andere Formen der Zusammenarbeit und des sozialen Umgangs angeeignet haben. Konflikte müssen für lange Zeit gar nicht deutlich werden, wenn Sie kulturelle Unterschiede im Unternehmen bewusst ignorieren und wenn Sie andere Kulturen, Bräuche und Arbeitsweisen auf keinen Fall als Bereicherung ansehen. Durch diese wird man ja oft nur in den eigenen Abläufen gestört und es wird tendenziell schwieriger, sich selbst das zu bestätigen, was man immer schon wusste – was für das eigene Selbstwertgefühl unerlässlich ist. Hier ist auch darauf hinzuweisen, dass die Aufmerksamkeit, die man anderen gegenüber aufbringt und ihnen schenkt, für einen selbst verloren ist.
Dies leitet über zur zweiten Regel.

2. Übertreiben Sie es nicht mit der Wertschätzung!
Was in Change-Prozessen oft viel zu sehr in den Mittelpunkt gerückt wird, ist die Wertschätzung des bisher Erreichten und des Beitrags der Mitarbeitenden für das Überleben der Organisation bis zum gegenwärtigen Zeitpunkt. Das motivierende Potenzial vernichtender Urteile über das bisher Geleistete wird oft unterschätzt. Schließlich sagte schon Sokrates: »Wer glaubt, etwas zu sein, hat aufgehört, etwas zu werden.« Wertschätzung kann deshalb dazu führen, dass Mitarbeitende träge und weniger hungrig auf Erfolg werden. Nur wenn mit der Vergangenheit, der Tradition und Geschichte einer Organisation endgültig abgeschlossen ist, entsteht

Raum und Wille für zukünftige Erfolge. Bei der Kommunikation ist bei dieser Vorgehensweise darauf zu achten, möglichst von oben herab zu kommunizieren. Auf diese Weise finden die Mitarbeitenden sich in einer Art Kindrolle wieder, in der die Motivation umso größer ist, alles für den Erfolg des eigenen Bereiches oder der eigenen (Teil-)Organisation zu tun und sich so zu beweisen.
Dies führt uns zur dritten Regel.

3. Planen Sie möglichst stringent. Zu viel Partizipation schadet dem Projekterfolg!

Das Chaos beginnt da, wo möglichst viele Menschen mit ihren Bedürfnissen und Sichtweisen einbezogen werden. Bei Change-Prozessen trifft das in besonderer Weise zu. Will man dieses Chaos nicht erleben, bietet es sich an, den Prozess möglichst von Anfang bis Ende stringent durchzuplanen und dabei auf Feedbackschleifen und ergebnisoffene Kommunikation weitestgehend zu verzichten. Eine alte Küchenweisheit besagt: »Viele Köche verderben den Brei.« Im Change-Prozess muss deshalb – um noch mehr Weisheiten aus dem kulinarischen Kontext zu bemühen – klar sein, »wer Koch und wer Kellner ist« und – so ließe sich hinzufügen – wer dann der Gast ist, der die Change-Suppe auszulöffeln hat. Dies sind die Mitarbeitenden, denen nicht viele Möglichkeiten gelassen werden sollten, den Prozess zu stören und sich allzu mutig ihres eigenen Verstandes zu bedienen. Wo kämen wir denn da hin? Zur lernenden Organisation vermutlich. Doch die ist ja ein Pseudonym dafür, dass man oben nicht mehr alles im Griff hat.
Deshalb folgt fast als logische Schlussfolgerung die nächste Regel.

4. Cogito ergo sum!
Mal ehrlich, gut gedacht ist doch meistens auch schon gut gemacht. Zumindest, wenn man es sich selbst ausgedacht hat. Klar muss man sich in Change-Projekten mitunter mit neuen Perspektiven durch Berater versorgen, doch dann wird der Plan eben angepasst. Man muss es nicht so weit kommen lassen, sich auf das alternative Informationssystem der Gefühle einzulassen. Die stehen auch oft wohldurchdachten Zeitplänen im Wege und äußern sich in Widerstand, der dann durch Changeability-Coachings wegtherapiert werden muss. Deshalb ist es von Anfang an wichtig, Emotionen und Gefühlen keine Bedeutung im Projekt zuzuweisen, da solch ein Fokus sonst zur sich selbst erfüllenden Prophezeiung würde und es am Ende gar noch darum ginge, dass sich alle eingebunden fühlen. Die kognitive Einsicht in die bestmöglichen nächsten Schritte muss reichen, weil der Mensch schließlich ein vernunftbegabtes Wesen ist, und wo sonst sollten Vernunft und Einsicht herrschen, wenn nicht in der Arbeitswelt! Auch Beraterinnen sollten deshalb von Gefühlen und Emotionen tunlichst die Finger lassen.
Das macht die fünfte Regel unerlässlich.

5. Machen Sie Change bloß nicht erfahrbar!
Es reicht völlig, wenn in einer Großgruppenveranstaltung PowerPoint-Folien gezeigt werden und der Vorstand den Fahrplan für den kommenden Change verkündet. Es ist ein Gerücht, dass Menschen nur wirklich effektiv lernen, wenn sie über mehrere Sinne angesprochen werden. Deshalb setzen Sie auch am besten gar keine Bilder ein. Bilder sind viel zu mehrdeutig und können von unterschiedlichen Leuten unterschiedlich verstanden werden. Darüber dann

ein Gespräch zu beginnen, könnte mühsam werden. Auch stellen Workshops, in denen eine große Anzahl von Mitarbeitenden zusammenkommen, um in spielerischen Übungen Change erfahrbar zu machen, einen erheblichen Aufwand und eine Abkehr vom »business as usual« dar. Da ist doch die Excel-Datei mit den neuen »roles & responsibilities« viel schneller geschrieben. Es geht auch ohne das ausufernde Thematisieren der Sozialdimension (»social before content«), wo es doch eigentlich nur um Sachfragen geht. Oder?
Deshalb gilt auch die sechste Regel.

6. Change geht auch ohne Story!
»Und wenn sie nicht gestorben sind, dann leben sie noch heute ...« Mitarbeitende haben es satt, vom Management stets neue Geschichten über bevorstehende Change-Vorhaben und die daraus entstehende rosige Zukunft aufgetischt zu bekommen. Change Stories sind längst die Peitsche, mit der sprichwörtlich »wieder eine andere Sau durchs Dorf getrieben wird«. Das Gegenteil von schlecht gemachten Change Stories sind deshalb nicht handwerklich gut gemachte Change Stories. Das Gegenteil ist der Verzicht auf solche. Nüchternheit ist das Gebot der Stunde. In wirtschaftlichen Verhältnissen regieren Zahlen und Fakten und Geschichten haben höchstens in PR und Marketing etwas zu suchen. Diese Abteilungen können dann auch bemüht werden, wenn Change-Projekte mal wieder schiefgegangen sind. Meist lässt sich dafür ja schnell ein Schuldiger identifizieren. An mangelnder narrativer Kompetenz der Organisation liegt es jedenfalls nicht.
Daraus ergibt sich die zusammenfassende siebte Regel.

7. Inszenierungen gehören ins Theater!

Aus all dem Gesagten wird klar, dass ein Rückgriff auf Inszenierungskompetenz in Change-Projekten nicht wirklich vonnöten ist. Wie schon der Volksmund weiß, »sind Träume Schäume«, und was hilft ein gut inszenierter Change-Prozess, wenn der Fokus auf die Erfordernisse des Marktes (oder der Umwelt der Organisation) verloren geht, während die Mitarbeitenden Geschichten von einer Zukunft erzählen, die es erst noch zu erschaffen gilt? Führen uns Geschichten und Inszenierungen nicht zu weit aus dem Alltag hinaus und verbinden uns mit etwas Größerem – vielleicht zu Großem –, das in der manchmal schnöden Realität eines doch zuerst auf wirtschaftliche Ziele fokussierten Unternehmens keinen Platz hat? Zwar sagte Shakespeare: »All the world's a stage, and all the men and women merely players.« Doch hatte er dabei wirklich den Umstieg von Produkt- zu Kundenorientierung in der Supply-Chain eines Unternehmens oder die Einführung einer neuen Software in einer Produktionsanlage im Kopf? Change-Vorhaben dürfen nicht mit einer zu einfach gestrickten Inszenierung gleichsam garniert werden. Sonst trifft am Ende zu, was Oscar Wilde zu allzu selbstgewissen Inszenierungen sagte: »Das Stück war ein großartiger Erfolg. Nur das Publikum ist durchgefallen.«

Am Ende

3 Literatur

Bateson, G. (2000). Steps to an Ecology of Mind: Collected Essays in Anthropology, Psychiatry, Evolution, and Epistemology. Chicago: University of Chicago Press.

Beaulieu, D. (2005). Impact-Techniken für die Psychotherapie. Heidelberg: Carl-Auer.

Beckhard, R. (1975). Strategies for large system change. Sloan Management Review, 16 (2), 43–55.

Bennett, J. (1998). Basic Concepts of Intercultural Communication: Paradigms, Principles, and Practices. Boston: Intercultural Press.

Campbell, J. (1999). Der Heros in tausend Gestalten. Frankfurt a. M.: Insel.

Chlopczyk, J. (2017). Wandel und Stabilität in der Geschichten erzählenden Organisation. In J. Clopczyk (Hrsg.), Beyond Storytelling: Narrative Ansätze und die Arbeit mit Geschichten in Organisationen (S. 23–46). Berlin: Springer.

Clement, U. (2011). Kon-Fusionen: Über den Umgang mit interkulturellen Business-Situationen. Heidelberg: Carl-Auer.

Foerster, H. von (1993). Wissen und Gewissen: Versuch einer Brücke. Frankfurt a. M.: Suhrkamp.

Geißlinger, H. (2017). Soweit Geschichten tragen. In J. Chlopczyk (Hrsg.), Beyond Storytelling: narrative Ansätze und die Arbeit mit Geschichten in Organisationen (S. 5–10). Berlin: Springer.

Geißlinger, H., Raab, S. (2007). Strategische Inszenierung. Story Dealing für Marketing und Management. Heidelberg: Carl-Auer.

Gergs, H. (2016). Die Kunst der kontinuierlichen Selbsterneuerung: Acht Prinzipien für ein neues Change Management. Weinheim/Basel: Beltz.

Grubendorfer, C. (2016). Einführung in systemische Konzepte der Unternehmenskultur. Heidelberg: Carl-Auer.

Höcker, A. (2011). Business Hero: Eine Heldenreise in 7 Etappen. Offenbach: Gabal.

Horx, M. (2011). Das Buch des Wandels: Wie Menschen Zukunft gestalten. München: Pantheon.

Kotter, J., Rathgeber, H. (2017). Das Pinguin-Prinzip: Wie Veränderung zum Erfolg führt. München: Droemer.

Kübler-Ross, E. (2001). Interviews mit Sterbenden. München: Droemer Knaur.

Kühl, S. (2015). Die blinden Flecken der Theorie U von Otto Scharmer. Systeme – Interdisziplinäre Zeitschrift für systemtheoretisch orientierte Forschung und Praxis in den Humanwissenschaften, 29 (2), 190–202.

Lévi-Strauss, C. (1995). Sehen, Hören, Lesen. München/Wien: Hanser.

Luhmann, N. (2000). Organisation und Entscheidung. Opladen/Wiesbaden: Westdeutscher Verlag.

Luhmann, N. (2008). Soziologische Aufklärung. Teil 6: Die Soziologie und der Mensch (3. Aufl.). Wiesbaden: VS Verlag für Sozialwissenschaften.

Morgan, G. (1986). Images of the organization. Newbury Park: Sage Publications.

Müller, M. (2017). Einführung in narrative Methoden der Organisationsberatung. Heidelberg: Carl-Auer.

Pörksen, B., Foerster, H. von (1998). »Wahrheit ist die Erfindung eines Lügners«: Gespräche für Skeptiker. Heidelberg: Carl-Auer.

Rauen, C. (2004). Coaching-Tools: Erfolgreiche Coaches präsentieren 60 Interventionstechniken aus ihrer Coaching-Praxis. Bonn: manager-Seminare.

Rosa, H. (2016). Resonanz: Eine Soziologie der Weltbeziehung. Berlin: Suhrkamp.

Scharmer, O. (2009). Theorie U: Von der Zukunft her führen. Öffnung des Denkens, Öffnung des Fühlens, Öffnung des Willens, Presencing als soziale Technik. Heidelberg: Carl-Auer.

Schmidt, G. (2004). Liebesaffären zwischen Problem und Lösung: Hypnosystemisches Arbeiten in schwierigen Kontexten. Heidelberg: Carl-Auer.

Schulz von Thun, F. (1998). Miteinander reden, Band 3: Das »Innere Team« und situationsgerechte Kommunikation. Reinbek: Rowohlt.

Seliger, R. (2008). Das Dschungelbuch der Führung: Ein Navigationssystem für Führungskräfte. Heidelberg: Carl-Auer.

Seligman, M., Csikszentmihalyi, M. (2014). Positive psychology: An Introduction. In M. Csikszentmihalyi (Ed.), Flow and the foundations of positive psychology (pp. 279–298). Dordrecht: Springer.

Simon, F. B. (2004). Tödliche Konflikte: Zur Selbstorganisation privater und öffentlicher Kriege (2., korrigierte u. erw. Aufl.). Heidelberg: Carl-Auer.

Simon, F. B. (2007). Einführung in die systemische Organisationstheorie. Heidelberg: Carl-Auer.

Simon, F. B. (2010). Einführung in die Systemtheorie des Konflikts. Heidelberg: Carl-Auer.

Sinek, S. (2011a). Start with Why: How Great Leaders Inspire Everyone to Take Action. New York: Penguin.

Sinek, S. (2011b). Wie große Führungspersönlichkeiten zum Handeln inspirieren. Zugriff am 16.12.2017 unter https://www.ted.com/talks/simon_sinek_how_great_leaders_inspire_action?language=de#t-2274

Sollmann, U. (2013). Einführung in Körpersprache und nonverbale Kommunikation. Heidelberg: Carl-Auer.

Trenkle, B. (2012). Dazu fällt mir eine Geschichte ein: Direkt-indirekte Botschaften für Therapie, Beratung und über den Gartenzaun. Heidelberg: Carl-Auer.

Trobisch, N. (2012). Heldenprinzip: Kompass für Innovation und Wandel. Berlin: Universität der Künste.

Vogler, C. (1997). Die Odyssee des Drehbuchschreibers. Frankfurt a. M.: Zweitausendeins.

Weick, K. E. (1995). Sensemaking in Organizations. Thousand Oaks: Sage.

Weick, K. E. (1996). Drop your tools: An allegory for organizational studies. Administrative Science Quarterly, 41 (2), 301–313.

White, M. (2010). Landkarten der narrativen Therapie. Heidelberg: Carl-Auer.

Wimmer, R., Glatzel, K., Lieckweg, T. (Hrsg.) (2014). Beratung im Dritten Modus: Die Kunst, Komplexität zu nützen. Heidelberg: Carl-Auer.

4 Danksagung

Wenn ein Buch entsteht, bedarf es immer mehrerer Menschen, um so eine Publikation zu ermöglichen.

Am Anfang stand die Idee, ein Buch zu »Wandel in Organisationen« zu schreiben. Hier möchte ich Jochen Schweitzer und Arist von Schlippe für das Zutrauen danken, einen Beitrag in der Reihe »Leben. Lieben. Arbeiten: systemisch beraten« zu leisten. Ihre Diskussionsbeiträge und Anmerkungen waren mir eine große Hilfe beim Schreiben. (Das Feedback zum Beraterdenglisch war erschütternd.)

Ohne unsere Kunden, die uns so viel Freiraum zur Gestaltung der Programme gegeben haben, hätten wir nie so viele Lernerfahrungen machen können. Ihnen sei hier gedankt.

Großer Dank gilt meinem Kollegen Jacques Chlopczyk, mit dem ich die letzten zehn Jahre gemeinsam gedacht, konzipiert und Veranstaltungen durchgeführt habe. Durch seine theoretischen Kenntnisse, sein fundiertes Wissen sowie sein Reflexionsvermögen und seine Kreativität ist es uns immer wieder gelungen, die Grenzen dessen, was in Organisationen möglich ist, zu weiten.

Bei der Realisierung des Buches waren mir Dr. Niklas Gaupp und Antonia Drews eine große Hilfe. Wir haben miteinander gedacht und um Worte gerungen. Ihnen sei besonders gedankt.

Meine Kolleginnen bei Ute Clement Consulting, Melanie Kühlem und Simon Weber, danke ich für ihre großartige Mitarbeit und den Gestaltungswillen bei all unseren Unternehmungen.

5 Die Autorin

Ute Clement, Diplom-Psychologin, hat neben ihrer Lehre zur Bankkauffrau Psychologie, Ethnologie und Theaterwissenschaften studiert. Nach ihrem Studium arbeitete sie als interne Beraterin und Organisationsentwicklerin bei der Daimler AG. Seit 1995 ist sie als systemische Beraterin und Supervisorin in internationalen Großkonzernen tätig und begleitet individuelle und organisationale Entwicklungsprozesse. 2008 gründete sie das Beratungsunternehmen *Ute Clement Consulting GmbH* (Berlin/Heidelberg) mit dem

Schwerpunkt der Begleitung von Veränderungsprozessen in internationalen Unternehmen. Neben ihrer Tätigkeit als Organisationsberaterin und Coach ist sie in verschiedenen Weiterbildungsinstituten als Lehrberaterin tätig. Sie hat zahlreiche Publikationen zu Interkulturalität und systemischer Beratung veröffentlicht.